W0318171

Regina Bestle-Körfer / Annemarie Stollenwerk

Das große Jahreszeiten-Buch

Die schönsten Mitmach-Ideen

CHRISTOPHORUS

Inhalt

3 Herbst

4 Winter

Vorwort

Die Zeit bestimmt unser Leben. Monate kommen und gehen, Wochen und Tage fliegen vorbei und schon wieder ist ein Jahr vergangen. Innerhalb eines Jahres wechseln sich in unserem Leben stille und aktive Zeiten ab, es gibt Zeiten des Stillstands und Zeiten der Langeweile, Zeiten des Aufbruchs, Zeiten voller Energie und Lebensfreude, Zeiten der Ruhe und des Genießens. Unaufhaltsam wie ein Rad dreht sich das Jahr. Im Rhythmus der Jahreszeiten spüren wir, wie sich unser Lebensgefühl verändert und die Natur draußen vor der Tür in immer neue Kleider schlüpft. Ohne die Jahreszeiten mit ihren Besonderheiten und ihren immer wiederkehrenden Fest- und Feiertagen würde unserem Leben die Orientierung verloren gehen. Die Jahreszeiten halten viele spannende Erlebnismöglichkeiten für uns bereit. Sie sind wie eine Schatzkiste, die wir immer wieder öffnen und uns daran erfreuen können.

Der Frühling lockt uns nach langen, kalten Wintertagen mit lauer Luft, fröhlichem Vogelgezwitscher und bunten Blüten und Blumen hinaus ins Freie. Wir feiern Ostern, das Fest des Erwachens in der Natur.

Der Sommer zeigt sich mit üppigem Grün an Bäumen und Sträuchern, mit frischem Gemüse und knackigem Obst, mit einem Meer kunterbunter Blumen. Wir genießen unsere freie Zeit, fahren in Urlaub, entdecken fremde Welten und freuen uns auf lange warme Sommerabende.

Wenn es Herbst wird, hüllen sich Bäume und Wälder in ihre bunten Blätterkleider und der Wind fegt durch die Zweige. Das Getreide wird geerntet, das Obst gepflückt und wir feiern Erntedank. Neblige und regnerische Tage folgen, es wird immer früher dunkel und wir ziehen uns in unsere Häuser zurück.

Wenn es Winter wird, genießen wir ruhige Stunden bei Kerzenschein, feiern Advent und Weihnachten. Draußen erwarten uns weiße Winterfreuden: warm eingepackt, sind klare, kalte Tage mit Raureif, Eis und Schnee ein besonderes Erlebnis.

Wenn wir mit unseren Kindern hinaus in die Natur gehen und uns auf den Zauber von Frühling, Sommer, Herbst und Winter einlassen, erfahren wir die Jahreszeiten als einen Schatz, den es gemeinsam zu entdecken gilt. Dabei kommen wir vielen Geheimnissen auf die Spur und erleben, wie einmalig und schützenswert die Natur ist. Draußen vor der Tür, bei Sonnenschein, Regen, Sturm, Kälte und Schnee zeigt sich uns die Natur als Raum ohne Türen und Wände. Diese Unbegrenztheit fordert heraus zum Toben, Springen, Klettern, Entdecken und Forschen und befriedigt Neugier und Abenteuerlust. Kinder brauchen so viele Naturerfahrungen wie möglich für ihr körperlich-seelisches und geistiges Wachstum. Je sinnlich anregender sich die Welt den Kindern eröffnet, umso mehr wächst ihr Erfahrungs- und Handlungsspielraum.

Dieses Buch möchte Sie, liebe Leserinnen und Leser, einladen, die Jahreszeiten ganz bewusst zu erleben. Setzen Sie sich mit ihren Kindern den Elementen Erde, Wasser, Luft und Feuer aus. Nehmen Sie Wind und Sonne wahr, spüren Sie die Erde unter Ihren Füßen, freuen Sie sich über einen Regenspaziergang durch Pfützen, über eine Wanderung durch Nebel, Kälte und Schnee. Riechen, schmecken, hören, fühlen und sehen Sie, was die Jahreszeiten Ihnen anbieten. Begegnen Sie voller Staunen der Vielfalt der Jahreszeiten. Entdecken Sie gemeinsam mit den Kindern neue Wege, der Natur und ihren Elementen voller Freude näher zu kommen.

Vom Aufwecken und Gewecktwerden

Bewegungsspiele

Frühlingslied

Text: Annemarie Stollenwerk

Melodie: Thomas Pauschert

Die Sonne weckt die Tiere auf

Aufwachen, wach werden – das erleben wir jeden Morgen nach einer erholsamen Nacht. Ein kleiner Lichtstrahl öffnet behutsam unsere verschlafenen Augen. Sich recken und ausstrecken, die noch steifen Beine und Arme werden langsam an Bewegung und Aktivität gewöhnt. Ein herzhaftes Gähnen, viel frische Luft soll unsere Lungen, unseren Körper und Geist beleben. So sanft geweckt, ist jedes Aufwachen eine Entspannung für Körper und Geist. Wir spielen ein ruhiges Körperspiel, bei dem sich die Kinder in verschiedene Tiere versetzen, die die wärmenden Strahlen der Frühlingssonne genießen und aktiv werden oder gerade von der Sonne aus ihrem Winterschlaf geweckt werden. Die folgenden Aufwachspiele sind gymnastische Übungen, die die Feinkoordination von Muskeln und Gelenken schulen und der allgemeinen Entspannung dienen. Langsame Bewegungen erhöhen die Konzentration und Aufmerksamkeit für den eigenen Körper.

Jedes Kind hat eine Decke oder Turnmatte als Unterlage und genügend Platz um sich herum. Während der Übungen wird ruhig und gleichmäßig weitergeatmet. Die Kinder sollen den Atem nicht anhalten oder pressen.

Marienkäfer

Ein kleiner Marienkäfer schläft unter einem Blatt. Die Sonne kitzelt seinen roten Rücken. Er wird wach und fällt mit dem Rücken auf die Erde. Auf dem Rücken liegend strampelt er sich richtig wach.
Die Kinder hocken mit gebeugtem Rücken auf ihrer Matte und warten, bis sie mit einer Feder am Rücken gekitzelt werden. Dann rollen sie sich auf den Rücken und strampeln mit Armen und Beinen wie ein Käfer.

Schmetterling

Ein Schmetterling schläft noch in einer Baumhöhle. Die Sonne kitzelt seine Fühler. Er breitet seine bunten Flügel aus und probiert, ob er das Fliegen noch nicht verlernt hat.
Die Kinder sitzen auf der Matte, umspannen ihre Knie mit den Armen und schlafen. Der Rücken ist rund. Sie warten, bis sie gekitzelt werden, heben den Kopf und öffnen die Augen. Die Beine werden losgelassen, die Fußsohlen berühren einander und die Knie klappen nach außen. Die Hände umfassen die Füße und nun wippen die Beine langsam auf und ab wie die Flügel eines Schmetterlings. Die Kinder sitzen jetzt gerade.

Heuschrecke

Die Heuschrecke schläft in einer Wurzelhöhle am Fuße eines Baumes. Sie hat ihre 6 Beine ausgestreckt und wird von einem Sonnenstrahl am Rücken gewärmt. Sie hebt ihre Beine einzeln an und versucht, ob sie die Hinterbeine an den Flügeln reiben kann, bis das Zirpen zu hören ist.
Die Kinder liegen auf dem Bauch mit ausgestreckten Beinen. Die Arme liegen seitlich neben dem Körper und helfen beim Abstützen. Nun wird abwechselnd das rechte und das linke Bein ein wenig vom Boden abgehoben. Vielleicht gelingt es den Kindern auch, beide Beine gleichzeitig ein Stückchen anzuheben, zu grätschen und wieder zusammenzubringen.

Katze

Die Katze liegt eingekuschelt am warmen Ofen und schläft. Die Sonne scheint durchs Fenster und weckt die Katze auf.
Die Kinder hocken auf ihren Matten. Erst ruht der Oberkörper auf den Knien, dann gehen wir in den Vierfüßlerstand. Die Kinder machen einen Katzenbuckel und strecken dann abwechselnd mal das rechte, mal das linke Bein in die Luft, weit weg vom Körper.
Wer kann gleichzeitig das rechte Bein und den linken Arm ausstrecken, und umgekehrt?

Ente

Die Ente steht und schläft schon mal auf einem Bein. Die Sonne weckt die Ente. Sie breitet ihre Flügel aus und flattert zum Dorfteich um sich ein Entenmännchen zu suchen, damit sie bald viele kleine Küken ausbrüten kann.
Die Kinder stellen sich auf ihre Matten und versuchen, auf einem Bein zu stehen. Wer kann die Augen dabei schließen? Dann breiten sie die Arme aus und flattern durch den Raum.

Auf der Frühlingswiese

Blumengeschichten und -spiele

Blumennamen

Die Kinder erfahren bei einem Spaziergang durch einen Wald, durch einen Park oder einen Garten, welche Blumen im Frühling blühen. Wir sollten ihnen die Namen der Frühlingsblumen immer wieder sagen. Schneeglöckchen, Krokusse, Veilchen, Tulpen und Osterglocken sollte jedes Kind kennen. Manche Blumennamen erzählen bereits Geschichten und sind leicht zu behalten. Wir denken uns Geschichten aus, woher die Blumen ihre Namen haben könnten. Die Fantasiegeschichten, die uns die Blumennamen erzählen, können wir in kleinen Szenen mit den Kindern nachspielen.

- Krokusse sind vielleicht vor langer Zeit vom Krokodil geküsst worden.
- Buschwindröschen sind vielleicht Rosen, die Angst vor dem Wind hatten und sich unter Büsche verkrochen haben.
- Das Vergissmeinnicht möchte nicht vergessen sein, weil es so klein und unscheinbar ist.
- Das tränende Herz ist vielleicht eine verwandelte, traurige Blumenfee, die ihren Zauberstab verloren hat und sich nicht mehr ins Feenreich zurückzaubern konnte. Jetzt lebt sie auf der Erde als Blume und sieht ihre Feenfreundinnen und Elfenfreunde nie mehr wieder.

Blumenkinder

Wir schminken die Kinder als Blumenkinder. Jedes Kind nennt seine Lieblingsblume und wird in der entsprechenden Farbe angemalt. Dann dürfen sich alle mit bunten leichten Tüchern schmücken und an einem warmen, sonnigen Frühlingstag draußen auf der Wiese mit den richtigen Blumen im Frühlingswind tanzen.

Wahrnehmungsspiele auf der Frühlingswiese

Alle Kinder sitzen im Gras und betrachten die kleine Wiesenwelt um sich herum. Wir spielen das Spiel: Ich sehe was, was du nicht siehst.

- Wir erfinden einen langen Wiesensatz: Ich sitze in der Wiese und sehe eine Gänseblume, eine Schnecke, einen Grashalm, eine Heuschrecke, einen grünen Frosch ... Jedes Kind wiederholt den ganzen Satz und fügt etwas Neues hinzu, das es auf der Wiese entdeckt hat.

- Wir können unsere Aufmerksamkeit auch auf die Geräusche in der Wiese lenken. Unser langer Wiesensatz beginnt dann so: Ich sitze in der Wiese und höre einen Vogel singen, eine Biene summen, eine Heuschrecke zirpen, eine Kuh muhen ...
- Wir spielen ein Tastspiel: Die Kinder sitzen im Gras im Kreis und verstecken die Hände hinter dem Rücken. Jetzt geben wir ganz leise ein Wiesengeheimnis (z. B. eine kleine Blume, ein Grashalm, ein Steinchen, ein Schneckenhaus usw.) hinter dem Rücken weiter. Jedes Kind tastet mit den Fingern, was es sein könnte. Am Ende darf jedes Kind sagen was es gefühlt hat. Das Wiesengeheimnis wird gelüftet und zum Betrachten in die Kreismitte gelegt.

Was Blumen uns erzählen

Still zu werden, zu spüren, wie die Stille uns einfängt und unsere Ohren weit werden lässt für die leisen Töne, das fällt Kindern manchmal schwer. Und trotzdem lohnt es, im lauten, hektischen Alltag immer wieder kleine Ruhepausen einzulegen und ganz still zu werden. Der Frühling, der unsere Sinne auf vielfältige Weise anregt, ist für Ausflüge in die Stille mit einer Fantasiegeschichte gut geeignet.
Wir suchen uns einen ruhigen Platz im Grünen: eine Frühlingswiese, auf der die ersten Blumen blühen, eine Wiese im Garten oder eine lichte Stelle im Wald.

- Wir setzen oder legen uns auf den Boden und versuchen, eine bequeme Position zu finden.
- Wir schließen unsere Augen und werden ganz ruhig.
- Wir spüren unserem Atem nach, ruhig atmen wir ein und aus, ein und aus ... die Fantasiegeschichte kann beginnen.

Kleine Wiesenblume

Stell dir vor, du bist eine kleine Frühlingsblume. Du stehst auf einer Wiese zwischen vielen grünen Grashalmen, die frisch und saftig sind. Die wärmenden Strahlen der Sonne lassen dich ganz offen werden. Deine Blütenblätter breiten sich weit aus, damit das Sonnenlicht dich ganz ausfüllen kann. Es fühlt sich schön an, so voll von Wärme zu sein. Da, behäbig brummt eine dicke Hummel auf dich zu und setzt sich mitten in deine geöffnete Blüte. Aufgeregt krabbelt sie hin und her, sie kitzelt dich, während sie nach Nektar sucht ... und schon fliegt sie mit lautem Gebrumm weiter. Du kannst hören, wie die ganze Wiese um dich herum summt und brummt. Du siehst andere Blumen neben dir und manchmal weht der Wind euch zueinander hin.
Mit strahlendem Rot, leuchtendem Gelb und tiefem Blau hat der Frühling sie geschmückt. Jede ist einzigartig, jede ist schön. Du genießt es, mit all den anderen Blumen hier zu sein als kleiner Teil einer frühlingsbunten Wiese.
Wir bleiben noch einen Augenblick liegen, dann räkeln und strecken wir uns, öffnen unsere Augen und stehen langsam auf.

Was in der Erde steckt

Experimente und Spiele

nadel durchlöchern. Feine Siebe entstehen, wenn wir auf einen kleinen Holzrahmen Fliegengitter spannen und mit doppelseitigem Klebeband befestigen. Natürlich können wir auch ein Küchensieb benutzen. Wir sieben Komposterde, Walderde, Blumenerde, Erde aus Maulwurfshügeln usw. Dabei kommt immer zuerst das gröbste Sieb zum Einsatz, bevor die feineren Siebe immer kleinere Gegenstände zurückhalten. Was entdecken wir beim Sieben? Finden wir Erdschätze oder kleine Lebewesen? Wie fühlt sich die gesiebte Erde an?

Begegnung mit der Erde

Draußen, im Garten, im Park oder im Wald suchen wir uns einen erdereichen Platz, den wir im wahrsten Sinne des Wortes begreifen wollen: Mit den Händen wühlen wir in der Erde wie ein Maulwurf, schieben und klopfen die Erde, bohren Löcher hinein, greifen die Erde wie eine Baggerschaufel, lassen sie zwischen den Fingern hindurchrieseln, kneten sie. Mit den Füßen stampfen wir die Erde fest, greifen sie mit nackten Zehen, hinterlassen Fußabdrücke ... Was lässt sich noch alles mit der Erde anstellen?

Erde sieben

Mit verschiedenen groben und feinen Sieben untersuchen wir die Frühlingserde. Einfache Siebe können wir uns aus alten Schuhkartons selbst basteln, indem wir den Boden des Kartons mit einer Prickel-

Schätze suchen

In zwei Schüsseln mit Gartenerde verbuddeln wir einige „Schätze“, z. B. kleine Tannenzapfen, Blumenzwiebeln, Schneckenhäuser, Steine, Stöckchen oder auch besondere Steine und Silberstücke (kleinere Steine, die mit Folie umwickelt wurden). Um die Wette versuchen nun immer zwei Kinder, ihre Erde durchzusieben und die Schätze zu bergen. Wer zuerst alle Schätze freigesiebt hat, hat gewonnen.

Erdschichten trennen

Ein großes Gurken- oder Einmachglas füllen wir mit Erde von verschiedenen Standorten: aus dem Garten, aus dem Wald, vom Fluss- oder Bachufer etc. Dann gießen wir Wasser dazu und schütteln das Gemisch kräftig durch. Wir lassen das Glas ruhen und beobachten dabei, wie die einzelnen Erdschichten sich voneinander absetzen. Alle schweren

Bestandteile werden nach unten sinken, z. B. Steinchen und Sand. Oben werden sich Blätter und Humus absetzen. Mit einer Lupe schauen wir uns die Erdschichten ganz genau an. Wie viele verschiedene Schichten entstehen? Welche Farbe haben die einzelnen Schichten?

Erde gestalten

Wir suchen uns am Waldrand oder im Garten ein Fleckchen Erde, einen schönen Platz, der uns gefällt. Mit Stöckchen und Steinen grenzt jeder ein kleines Stückchen Erde ein und mit den Händen, Rechen, alten Kämmen, Gabeln u. ä. gestalten wir unseren Erdplatz. Wir verzieren ihn mit Mustern und Ornamenten, schmücken ihn mit Blüten und Blättern und geben ihm einen Namen. Gegenseitig besuchen wir uns an unserem Erdplatz und tauschen Ideen und Entdeckungen aus.

Blinde Baumeister

Wir sitzen auf dem Waldboden oder um einen Maulwurfshügel herum im Kreis. Mit geschlossenen oder verbundenen Augen formt ein Kind aus Erde einen Gegenstand. (Je nach Witterung brauchen wir für die Erde etwas Wasser, um sie besser formen zu können!) Alle anderen dürfen raten, was der blinde Baumeister geformt hat. Wer den Gegenstand errät, darf als nächstes blinder Baumeister werden. Wir können auch alle gleichzeitig etwas formen und dann reihum raten, was aus der Erde entstanden ist.

Geschmückte Erdhände

Fein gesiebte Wald- oder Gartenerde vermischen wir mit Wasser zu einem geschmeidigen Brei. Mit diesem Brei bestreichen wir uns Hände und - wer mag - auch die Unterarme. Das Bestreichen kann in Partnerarbeit geschehen, entweder mit den Händen oder mit einem dicken Malerpinsel. Wir können die Hände aber auch einfach in den Erdbrei hineintauchen. Während der Erdbrei noch feucht ist, schmücken wir die Hände mit feinem Sand, Blättern, Blüten etc. und warten mit Spannung, was geschieht, wenn unsere Erdhände getrocknet sind.

Fantasievolles Formen

Beim Matschen und Spielen mit Erde, Lehm oder Ton finden Kinder schnell in ein fantasievolles Wechselspiel von Aufbau und Zerstörung. Da wird geknetet und geformt, wieder platt gemacht und neu begonnen. Wir können Kinder in ihrem kreativen Tun unterstützen und vermitteln, dass es nicht um vorzeigbare und ordentliche Ergebnisse geht, sondern um lustvolles Gestalten, um fantasievolle Ausdrucksmöglichkeiten ihrer Schaffenskraft.

Geheimnisvolle Erdbewohner

Wir überlegen uns, welche geheimnisvollen Wesen wohl in und auf dem Erdboden leben: vielleicht eine warzige Erdkröte oder ein knubbeliger Erdkobold? Anschließend versucht jeder, solch ein Wesen aus Ton oder Lehm zu modellieren. Damit die Figuren nicht reißen, müssen sie langsam trocknen und können dann gebrannt werden. Draußen können wir mit den Erdbewohnern im Beet, im Wald oder in der Wiese spielen. Wenn sie gebrannt sind, können sie einen Platz im Blätterdschungel des Farns, in einer Baumhöhle oder bei kunterbunten Frühlingsblumen bekommen. Ungebrannte Figuren stellen wir auf die Fensterbank oder neben Pflanzentöpfe.

Mit dem Schirm in der Hand

Der April macht, was er will

April-Regenschirm-Tanz

Jedes Kind verziert vor dem Regenschirmtanz seinen Regenschirm mit selbst gebastelten Regentropfen. Dazu werden Tropfen in verschiedenen Größen auf hellblauen Tonkarton oder auf dickeren normalen Karton, der hellblau bemalt wird, gezeichnet und ausgeschnitten. Sie werden auf eine Schnur aufgefädelt und mit einer Wäscheklammer am Regenschirmrand befestigt. Da es im April auch Schnee- und Hagelschauer geben kann, fädeln die Kinder auch Wattekugeln als Schneeflocken und geknüllte Papierkugeln als Hagelkörner auf eine Schnur, die auf gleiche Weise am Regenschirmrand befestigt werden. Sonne und Wolken wechseln sich im Apri schnell ab, und so bekommt jeder Regenschirm noch wippende Wolken und eine tanzende gelbe Sonne, beides ebenfalls aus Karton gefertigt, angehängt.

Alle Kinder stehen mit ihren verzierten Regenschirmen im Kreis, beginnen gemeinsam den folgenden Sprechgesang und gehen dazu langsam im Kreis.

Sprechrefrain: Im April, im April, macht Aprillo, was er will.

(Der Sprechrefrain wird zwischen jeder Strophe wiederholt.)

- Kli-kla-klopfen, schickt er Regentropfen!

Die Kinder hüpfen auf einem Bein im Kreis.

- Spring-Sprung-Spargel, schickt er dicken Hagel!

Alle Kinder stampfen zum Sprechgesang in die Kreismitte und zurück.

April-Flaschendrehen

Wir schicken uns gegenseitig mit lustigen April-Scherz-Fragen in den April. Woher dieser Brauch kommt, ist ungeklärt, aber er könnte mit den Wetterlaunen des April zusammenhängen.

Während sich die Flasche in der Kreismitte dreht, stellen wir lustige Fragen, z. B.:

- Wer putzt sich mit Kartoffelpüree die Zähne?
- Wer badet gerne in Schneckenschleim?
- Wer schläft gerne auf einem Nagelkissen?
- Wer ist schon einmal mit einem Fisch um die Wette geschwommen?
- Wer hat schon einmal einen Frosch geküsst?

Auf wen der Flaschenhals zeigt, der darf als Nächster die Flasche drehen und sich eine Frage ausdenken.

Ritz-ratz-ritz, schickt er einen Blitz!
Die Kinder laufen bei „ritz-ratz-ritz“ schnell in die Kreismitte. Sie müssen bei „Blitz“ wieder zurück und auf ihrem Platz stehen.

Gi-ga-geschwind, schickt er wilden Wind!
Die Kinder bringen durch Pusten Regentropfen, Hagelkörner und Schneeflocken in Bewegung oder laufen schnell im Kreis, dass der Schirmschmuck flattert.

Wub-wib-wee, schickt er weißen Schnee!
Die Kinder heben ihre Schirme hoch in die Luft und lassen sie sanft sinken wie schwebende Schneeflocken.

Aprillo, der Wolkendrache

Wenn das Wetter im April seine Launen zeigt, dann ist dafür Aprillo, der Wolkendrache, verantwortlich, der mit einem unerschöpflichen Vorrat an Regen, Hagel und Schnee weit oben hinter den Wolken lebt. In einer Klanggeschichte mit Instrumenten erwecken wir Aprillo, den Wolkendrachen, zu musikalischem Leben.

An einem klaren Frühlingsmorgen im April zwitschert die Amsel ihr erstes Frühlingslied. (Auf einer Flöte trillern.) Die Sonne erscheint am Osthimmel. Sie schickt ihre wärmenden Frühlingsstrahlen auf die Erde. (Auf einem Glockenspiel die Tonleiter auf und ab spielen.) Die Sonne kitzelt die Blumen aus ihrem Winterschlaf. Sie recken und strecken ihre Blütenköpfe zum Licht und öffnen sich sehr langsam. (Das Öffnen der Blumen mit Glöckchen spielen.) Eine kleine Haselmaus wird von der Sonne wachgekitzelt. Sie huscht verschlafen durch das feuchte Gras. (Mit der flachen Hand über eine Handtrommel reiben.) Die Sonne lockt auch die Kinder zum Hüpfekästchenspringen nach draußen. (Auf einem Xylophon hüpfen die Schlägel auf und ab.) Doch was ist das? Ein tiefes Knurren und Brummen ertönt aus den Wolken. (Über eine Trommel mit den Fingerspitzen kribbeln.). Das Knurren wird immer lauter und plötzlich springt ein wilder Drache mit grün funkelnden unfreundlichen Augen und einer langen roten Drachenzunge über den Frühlingshimmel. Es ist Aprillo, der Wolkendrache. Vor Schreck verschließen die Blumen ihre Blütenköpfe (Glöckchen), die Haselmaus huscht ins nächste Erdloch hinein (Handtrommel). Die Kinder hüpfen schnell nach Hause (Xylophon). Das Lied der Amsel klingt plötzlich sehr aufgeregt (Flöte). Die Sonne hat Aprillo aus seinem Wolkenwinterschlaf geweckt und das kann Aprillo überhaupt nicht leiden. Wutschnaubend springt er über den Himmel. Er stößt aus seinem Drachenmaul einen wirbeligen Atemsturm und dunkle Gewitterwolken treiben an den blauen Frühlingshimmel. (Auf die Trommel wilde Trommelschläge hämmern.) Aus seinem riesigen Wolkendrachenmaul stürzen Regenfluten auf die Erde nieder. (Becken aneinander schlagen.) Doch damit nicht genug. Sein Drachenzorn ist noch nicht verraucht. Der Regen ist in seinem Drachenmaul gefroren und nun spuckt er Hagelkörner auf die Erde, dass es nur so knallt. (Holzstäbe aneinander schlagen.) Doch dann ist Aprillo erschöpft. Er legt sich auf seine müde Drachenhaut, seufzt tief und schnarcht. Der Himmel beruhigt sich wieder und die Sonne traut sich langsam hinter einer Wolke hervor. (Glockenspiel) Auch die Blumen, die kleine Haselmaus und die Kinder trauen sich wieder hinaus in den Frühling. Und die Amsel? Sie zwitschert ein Schlaflied für Aprillo, der hoffentlich nicht so schnell wieder erwacht!

Regina Bestle-Körfer

Federleichter Blütenschnee

Spiele und Kreatives mit Blütenblättern

Blütenentdeckungsreise

Jedes Jahr aufs Neue überrascht uns der Frühling mit einer kaum zu beschreibenden Pracht an Blumen und Blüten. Wir gehen hinaus und suchen nach den verschiedenen Farben: Rosa und weiß sind die Magnolien mit ihren großen Blütenblättern, gelb die Osterglocken, blau Hyazinthen und Vergissmeinnicht, weiß und rosa die Blüten unserer Obstbäume, die Mandelbäumchen und Zierkirschen sind übersät von rosa- und pinkfarbenen Blüten und bei den Tulpen entdecken wir die verschiedensten Farben.

Blütentanz

Wir beobachten den Tanz der Blütenblätter unter Obstbäumen und Ziersträuchern. Im lauen Frühlingswind drehen sie sich im Kreis, werden auf und nieder geweht oder Wege und Straßen entlang gepustet. Wenn der Wind nicht weht, lassen wir die Blüten tanzen. Wir legen eine Handvoll Blütenblätter auf den Boden, wedeln mit einem Tuch Luft zwischen die Blüten, bis sie aufwirbeln und zu tanzen beginnen. Das geht am besten auf einem glatten Untergrund (Bürgersteig, Hof etc.). Schaffen wir es, die Blütenblätter in eine bestimmte Richtung zu wedeln?

Blütenspuren auf Asphalt

Auf dem grauen Asphalt hinterlassen wir mit bunten Blütenblättern Spuren und Figuren. Dazu sammeln wir Blütenblätter von Blumen aus dem Garten oder Blüten von Obst- und Zierbäumen. Aus den Blütenblättern legen wir Blumen, Herzen, Buchstaben, Symbole, Spiralen und Kreise. Das Gestalten mit den bunten Blütenblättern ist nichts für die Ewigkeit, aber wenn wir mit einer Blumenspritze Wasser über den Blüten verteilen, können wir unsere Kunstwerke eine Zeitlang fixieren.

Bilder aus Blüten und Steinen

Dicke Kieselsteine, die wir gemeinsam gesammelt haben, waschen wir in einer Schüssel und wälzen sie noch nass in buntem Blütenschnee. Die Blütenblätter bleiben an der feuchten Oberfläche kleben und hüllen den ganzen Stein ein. Sind die panierten Steine getrocknet, legen wir mit ihnen Muster auf die Wiese oder auf den Hof. Das können Linien,

Kreise, Spiralen, aber auch die Umrisse von Tieren, Pflanzen oder Figuren sein.
Wir können auch kleine Kieselsteine nehmen und damit verschiedene Formen, Tier-, Pflanzen- oder Menschenkonturen auf Wiese oder Asphalt legen und die Flächen mit den bunten Blütenblättern auslegen. Die beiden gegensätzlichen Materialien bilden einen eigentümlichen Kontrast.

Stilleübung mit Blütenmasken

Wir versammeln uns an einem ruhigen Plätzchen draußen oder drinnen. Jedes Kind sucht sich einen Partner für eine Stilleübung. Körbchen mit verschiedenen Blütenblättern, eine kleine Dose Creme oder Vaseline und kleine Handspiegel stehen bereit. Leise ertönt entspannende Musik. Ein Kind legt sich bequem auf den Rücken, eventuell ein kleines Kissen unter den Kopf, und schließt die Augen. Sein Partner nimmt etwas Creme auf den Finger und streicht damit ganz sanft um die Kontur des Gesichtes herum, dann setzt er zwei sanfte Striche auf die Wangen und einen kleinen Punkt Creme auf die Nasenspitze. Auf diese Cremespuren werden nun die Blütenblätter aufgelegt, vorsichtig und behutsam und mit ausreichend Ruhe bei der Farbwahl und Gestaltung der Blütenmasken. Ist die Blütenkomposition fertig, bekommt das liegende Kind einen Spiegel in die Hand. Dann erst öffnet es die Augen, betrachtet sein Spiegelbild und steht langsam auf. Dann werden die Rollen getauscht. Am Ende der Stilleübung sprechen wir gemeinsam über das Erlebte, über das Gefühl von Creme und Blütenblättern auf unserer Haut, über das Berühren und Berührtwerden.

Hauchzarte Blütenbriefe

Aus Butterbrot-, Transparent- oder Architektenpapier falten wir Briefumschläge in unterschiedlichen Größen. In diese Umschläge füllen wir einfarbige oder bunte Blütenblätter und kleben sie zu.
Wer andere Frühlingsschätze gefunden hat, z. B. eine Flaumfeder oder ein weiches Stück Moos, kann diese auch mit in die Briefe stecken. Die Briefumschläge werden an einer Ecke gelocht, mit einem schönen, bunten Band versehen, an einem luftigen Plätzchen draußen oder drinnen aufgehängt. Wir können die Blütenbriefe auch mit etwas Aromaöl beduften und an liebe Menschen verschenken.

Blütenketten

Die festen Blütenblätter von abgeblühten Tulpen und Magnolien fädeln wir abwechselnd mit kleinen Schmuckperlen auf lange Nylonfäden. Es entstehen federleichte Ketten, die draußen an einem Geländer oder an einem schon verblühten Baum befestigt sanft in der Frühlingsluft schaukeln. Mit Hilfe von Basteldraht können wir diese Blütenblätter auch zu einem Blütenkranz zusammenbinden und als Schmuck verwenden.

Blütenmalerei

Frühlingsblauer Ton- oder Fotokarton wird auf dem Boden oder einem Tisch ausgebreitet. Mit Kleister malen wir Spuren auf das Papier und bestreuen dann die Klebestellen mit kunterbuntem Blütenschnee. Wir lassen ihn durch unsere Finger auf das Blatt rieseln. Eine andere Möglichkeit ist, dickeres weißes Papier mit dickflüssiger Farbe zu bestreichen oder zu betupfen und in die noch feuchte Farbe mit Blütenblättern Akzente zu setzen.

Gezwitschert und gesungen

Vögel im Frühling

Gefiederte Frühlingsboten

Die Rückkehr der Vögel aus dem Süden ist für die Menschen schon immer ein Grund zur Freude über das Erwachen der Natur gewesen. Kam der Kuckuck zurück, wurde früher das Kuckucksfeuer entzündet. Ein anderer Brauch: Wer die erste Schwalbe am Himmel entdeckt hatte, wurde für diese frohe Frühlingsnachricht beschenkt.
Vögel, die man im März singen hört, haben bei uns überwintert. Vögel, die in den Süden geflogen sind, hört man frühestens im April ihre Lieder singen.

Herr Winter,
geh hinter,
dein Reich ist vorbei.
Die Vögelein alle,
mit jubelndem Schalle,
verkünden den Mai.
Christian Morgenstern

Geschmückt im bunten Federkleid

In einem Naturführer oder Vogelbuch können wir Vögel ausgiebig betrachten, bevor wir sie basteln. Für den Vogelkörper benötigen wir kleine Luftballons, die aufgeblasen und mit Transparentpapierschnipseln und Kleister beklebt werden (2 bis 3 Schichten genügen). Das Köpfchen mit Schnabel modellieren wir, indem wir ein Stück Papier zu einer Kugel rollen, über die wir auch wieder in Kleister getränktes Transparentpapier legen. Beim Formen der Kugel und Gestalten des Schnabels benötigen die Kinder vielleicht ein wenig Hilfe. Ist der Vogelkörper getrocknet, können wir ein kleines Loch in die Transparentpapierhülle schneiden, den Luftballon aufstechen und herausziehen. In die Unterseite des Vogels stecken wir Füße, die wir aus Pfeifenputzern geformt haben, und an die Seiten und als Schwanz kleben wir bunte Federn aus dem Bastelladen.

Vogelstimmen

Vogelstimmen sind in ihrem Klang, in ihrer Lautstärke und Klangfolge sehr vielseitig. Jeder Vogel hat eine unverwechselbare Stimme. Es gibt Vögel, die in Strophen singen oder gleichförmige Klänge ohne Unterbrechung flöten. Einige Vogelstimmen erscheinen melodisch, andere schrill oder schmetternd. Meistens sind es die Vogelmännchen, die laut und ausgiebig singen und damit ihr Revier abstecken. Ein Vogelrevier reicht so weit, wie der Gesang des Vogelmännchens zu hören ist. Auch um die Weibchen anzulocken, wird im Frühling aus voller Kehle gesungen. Aber Vögel geben nicht nur klangvolle Gesänge von sich, sie kennen auch Warn- und Flugrufe, die sich oft wie Zisch- und Pfeiflaute anhören.

- Die Kuckuckmännchen rufen „ku-ku“, die Weibchen geben Kicherlaute von sich.
- Der Zilpzalp hat seinen Namen nach seinem Ruf – ein unregelmäßiges: „zilp-zalp-zilp-zalp“.
- Die Sumpfmeise singt „pistja, pistja“.
- Die Ringeltaube gurrt fünf- bis sechssilbige Strophen mit Betonung der zweiten Silbe: „ru-kuu-ku-ru-kuu-ku“.
- Der Waldkauz kennt zwei verschiedene Stimmen: „hu-u, hu-u-u-u“ oder ein scharfes „kiwitt“.
- Der Gimpel oder Dompfaff gibt Pfeiflaute von sich: „diu-diu-diu“.
- Der Eichelhäher warnt mit einem lauten „rääk-rääk-rääk“, wenn sich Ungewöhnliches im Wald tut.
- Die Stockente quakt laut ein weit vernehmbares „waak-waak“.

Morgenlied der Vögel

Jedes Kind bekommt eine Vogelstimme ins Ohr geflüstert, die es sich merken soll. Die Kinder spielen nun, dass alle Vögel im Wald schlafen. Wenn die Glocken vom Kirchtum vier Mal läuten, erwachen die Vogelkinder und beginnen ihr morgendliches Waldkonzert. Jetzt geben alle Kinder gleichzeitig die Vogelstimme von sich, die ihnen zugeflüstert wurde. Es versuchen sich die Vögel zu finden, die mit der gleichen Stimme singen. In diesem Stimmenwirrwarr zueinander zu finden, ist gar nicht so einfach.

Vogelorchester

Die Kinder sitzen im Kreis auf dem Boden. Jedes Kind bekommt ein Instrument: Tamburin, Becken, Triangel, Glockenspiel, Zimbeln usw. Ein Instrument ist zweimal vorhanden – es sind die „Stimmen“ eines Vogelpärchens, die sich im Wald auf einem Baum treffen wollen, um gemeinsam ein Vogelnest zu bauen.

Ein Kind steht mit verbundenen Augen und einem der doppelt vorhandenen Instrumente in der Kreismitte. Während alle Kinder gleichzeitig auf ihren Instrumenten spielen, wird das „blinde Vogelkind“ langsam durch den Kreis geführt und bleibt dort stehen, wo es das gleiche Instrument hört. Das Vogelpärchen hat sich gefunden und kann nun mit dem Nestbau beginnen.

Aktives Hören statt passiver Reizüberflutung

Hören und Zuhörenkönnen ist eine wichtige Voraussetzung für menschliche Kommunikation und für die Entwicklung der Sprache. Die Ohren sind immer offen, sie können nicht zum Ausruhen geschlossen werden wie die Augen. Krach, Lärm und musikalische Dauerberieselung sind Reize, denen unsere Ohren schutzlos ausgeliefert sind. Kinder brauchen deshalb auch Inseln der Ruhe für ihre Ohren, um eine Reizüberflutung zu verhindern. Bei einem Spaziergang im Wald können sich ihre Ohren erholen. Wenn wir die Aufmerksamkeit der Kinder auf Vögel im Wald lenken, dann lernen sie, genau hinzuhören, die Richtung einer Geräuschquelle zu erkennen und verschiedene Laute und Töne voneinander zu unterscheiden. Welch spannendes Erlebnis, wenn wir einen Vogel an seiner Stimme erkennen können!

Brüten und Kuscheln im Nest

Die Kinderstube der Vögel

Baumarkt für Nistvögel

Vögel sind oft sehr wählerisch, wenn es um den Nestbau geht. Um zu beobachten, welche Materialien sie besonders gern verwenden, richten wir ihnen auf einem Tablett oder in einer flachen Obstkiste einen „Baumarkt“ ein. Wir legen Federn, Holzwolle, Grashalme, kleine Äste, Moos, Wollfäden, Haare usw. bereit und schauen, ob und was die kleinen Baumeister sich aus unserem Angebot auswählen.

Rätsel

Ein Faulpelz ist dies Federtier,
es legt sein Ei in fremdes Revier.
Wer ist das?

Kuckuck

Kuckucksspiel

Die Kinder stehen wie beim Plumpsackspiel im Kreis und schauen zur Mitte. Hinter jedem Kind liegt auf dem Boden ein kleines Nest aus Stroh, Moos, Gras o. ä. mit jeweils einem unverwechselbaren Ei. Ein Kind läuft als Kuckuck mit einem eigenen Ei in der Hand außen um den Kreis herum. Es versucht, sein Kuckucksei in ein fremdes Nest zu schmuggeln und legt es neben ein anderes Ei ins Nest. Die Kinder schauen zwischendurch in ihre Nester, und sobald sie das Kuckucksei entdecken, heben sie es auf und versuchen, den Kuckuck zu fangen. Wird das Kuckuckskind nicht gefangen, stellt es sich in die entstandene Lücke und übernimmt Nest und Ei. Das neue Kuckuckskind versucht nun, das Kuckucksei wieder loszuwerden. Wird ein Kuckuckskind gefangen, versucht es noch einmal sein Glück. Wenn ein Kind im Kreis nicht bemerkt hat, dass in seinem Nest ein Kuckucksei liegt, und wenn das Kuckuckskind auf seinen Rücken pocht, nachdem es eine Runde um den Kreis gelaufen ist, werden auch die Rollen getauscht.

Ein Riesenei

Wie mag das wohl sein, in einem Ei zu sitzen, das ganz eng geworden ist? Es wartet darauf, angepickt zu werden, damit die Schale springt und das Küken ausschlüpfen kann.

Wir wollen ein Riesenei mit den Kindern basteln, in dem ein Kind Platz findet. Dazu brauchen wir einen Riesenluftballon, der aufgeblasen und fest verknotet wird. Mit Kleister und einer Menge in Stücke zerrissenem Zeitungspapier bekleben wir den Riesenluftballon Schicht für Schicht. Das wird einige Zeit dauern, denn wir brauchen mindestens sechs bis sieben Schichten, damit unser Ei auch stabil genug wird, um damit zu spielen. Sind alle Schichten aufgeklebt, lassen wir das Riesenei eine Woche lang austrocknen. Nach dieser Wartezeit lösen wir den Luftballon aus der Hülle und schneiden mit einem scharfen Messer vorsichtig eine Kappe von dem Ei, so als wollten wir ein Frühstücksei köpfen. Den Rand, der dabei entsteht, glätten wir wieder mit Zeitungspapierschnipseln und Kleister und lassen auch das noch einmal zwei Tage lang trocknen. Dann können die Kinder das Ei bemalen. Zuerst grundieren wir die ganze Oberfläche mit weißer Finger- oder Temperafarbe. Anschließend bemalen wir das Ei, vielleicht wie ein Amselei in blaugrün mit kleinen Sprenkeln. Wenn die Farbe ganz trocken ist, kann das Ei noch lackiert werden, um es haltbarer zu machen. Der dafür benötigte Klarlack sollte an einem gut belüfteten Ort von einem Erwachsenen aufgetragen werden.

Vogelnester

Vogelnester findet man in fast allen Lebensräumen und an den unterschiedlichsten Stellen. Manche Vogelarten wählen immer den gleichen Platz zum Brüten. Die Mehlschwalbe beispielsweise baut ihr Nest immer an die Außenwände von Gebäuden, während die Amsel in Bäumen und Büschen, aber auch unter Dächern brütet. Nester werden aus verschiedensten Materialien (Gräser, Blätter, Schilfhalme, Wurzeln, Moos, Haare, Federn, Spinnweben, Pflanzenwolle usw.) gebaut, wobei Größe und Form von Vogelart zu Vogelart sehr variieren. Man unterscheidet einige charakteristische Nestformen: Bodennester, Hängenester, Kugelnester, Napfnester, Schwimmnester, Baumhöhlen, Reisighorste.

Verborgen im Ei

Wer möchte einmal in unser Riesenei schlüpfen und spüren, wie sich ein Vogelbaby fühlt? Wir bauen zu dem Riesenei noch ein Nest aus Heu oder Stroh. Die Kinder sitzen abwechselnd im Ei und dürfen entscheiden, ob sie das Ei auch mit dem Eierdeckel verschließen möchten. Sagen Sie den Kindern, dass sie den Deckel sofort abheben können, wenn es ihnen zu dunkel und eng ist, damit kein Kind im Ei Angst bekommt. Die Kinder spielen, wie das Vogelbaby aus dem Vogelei schlüpft. Sie picken an der Schale und zwängen sich vorsichtig aus dem Ei heraus. Dazu singen wir das folgende Lied:

Lied des Vogelkükens

(Melodie: Ein Vogel wollte Hochzeit machen)
Text: Annemarie Stollenwerk

1. Ist Frühlingszeit? Ich muss hier raus
aus meinem engen Schalenhaus!
Fiderallala ...

2. Denn ich bin groß, bin nicht mehr klein
will fliegen, flattern, fröhlich sein.
Fiderallala ...

3. Mein Schnabel pickt ein Loch ins Ei,
noch einmal fest und ich bin frei!
Fiderallala ...

4. Kann Bäume und den Himmel sehn,
die Welt hier draußen ist so schön!
Fiderallala...

Das Fest im Frühling

Ostern wird am ersten Sonntag nach dem ersten Frühlingsvollmond gefeiert. Da der Hase als Mondtier gilt, gibt es schon hier eine erklärbare Verbindung zwischen den Osterbräuchen und der Bedeutung des Osterhasen. Hase und Ei symbolisieren zudem die Fruchtbarkeit, und da der Hase eines der ersten Tiere im Frühling ist, das Junge bekommt, ist er zum Sinnbild des Lebens geworden. Warum zu Ostern das Ei Hochsaison hat, dafür gibt es die praktische Erklärung des „Eierstaus" in der Fastenzeit. Nach den Fastenregeln war der Verzehr von Eiern in der Karwoche untersagt, wovon die Hennen natürlich nichts wussten und munter weiter Eier legten. In dieser Zeit entstand der Brauch, die gesammelten Eier zu bemalen, sie segnen zu lassen und an Ostern besonders viele Eier zu verzehren, damit sie nicht verderben. Seinen Namen soll das Osterfest von der altgermanischen Göttin der Morgenröte und des Frühlings, Ostara, haben, was sicher auch in Zusammenhang zur Himmelsrichtung Osten steht, von wo die Frühlingssonne immer höher steigt. An Ostern feiern wir das Leben und Wachsen der erwachten Natur. Wir begrüßen den Frühling mit lebendigen Bräuchen, die Lebenslust und Lebensfreude vermitteln. Alle Beschäftigungen rund um die Osterzeit tragen die Spannung der freudigen Erwartung in sich, und gerade in den immer wiederkehrenden Abläufen und symbolischen Aktivitäten rund um das vorösterliche Eierfärben, Backen und Basteln liegt besonders für Kinder ihre Verzauberung.

Wenn das Leben neu erwacht

Ostern

Ostervers

Ich gebe dir ein Osterei
als kleines Angedenken.
Und wenn du es nicht haben willst,
so kannst du es verschenken.

Volksgut

Bunte Ostereier

Schon vor ca. 5000 Jahren wurden in China und Ägypten Eier verschenkt. Früher färbte man nur rote Eier. Rot galt als die Farbe des Lebens und so wurde das rote Ei ein Symbol des Lebens. Heute leuchten unsere Ostereier in den buntesten Farben. Sie werden mit verschiedenen Techniken jedes Jahr aufs Neue liebevoll bemalt und geschmückt.

Überraschungseier selbst gemacht

Aus selbsthärtender Modelliermasse und Styroporeiern in verschiedenen Größen entstehen individuelle Überraschungseier. Mit einem Nudelholz rollen wir die Modelliermasse zu ca. 3 mm dicken Platten aus und legen diese um die Styroporeier herum. Die Übergänge und Ansatzstellen müssen gut verstrichen werden. Ist das ganze Ei eingehüllt, zeichnen wir mit einem Zahnstocher eine Linie an, an dem unser Ei später geöffnet werden kann, und ziehen dann diese Linie mit einem scharfen Küchenmesser oder Cutter nach. Das Ei können wir nun noch mit kleinen Mustern und Ornamenten verzieren, dann muss es mindestens zwei Tage lang trocknen. Vorsichtig lösen wir die getrocknete Modelliermasse vom Styroporei und fertig ist unser Ei, das nur darauf wartet, mit einer kleinen Überraschung gefüllt zu werden.

Relief-Eier

Wir streichen Watte- oder Plastikeier mit Kleister ein und wickeln eine Kordel um das ganze Ei. Dann überkleben wir Kordel und Ei mit Schnipseln von weißem Seidenpapier, buntem Geschenkpapier oder bunten Servietten und lassen alles gut durchtrocknen. Mit Gold oder einer anderen Farbe können wir auf dem Ei noch Akzente setzen, indem wir die überkleisterte Kordel betonen. In Nestern mit frischem Gras oder Heu lassen sich die Eier schön arrangieren, kunterbunt durcheinander oder nach Farben sortiert.

Ostereier filzen

Filzen hat eine lange Tradition. Es ist ein sinnliches Handwerk, bei dem Kinder durch das Wechselspiel von weich und hart, trocken und nass, heiß und kalt beim Filzprozess sinnliche Tasterfahrungen sammeln können. Wir beginnen unsere Ostereier, indem wir entweder nasses Zeitungspapier zusammenknüllen und zu einem Ei formen, oder wir nutzen schon fertige Ei-Rohlinge aus Plastik oder Styropor. Dann zupfen die Kinder farbige Märchenwolle in verschiedenen Farben zurecht und wickeln sie nach eigenen Mustern locker um ihr Ei herum. Nun müssen wir ein Stück Kernseife mit der Käsereibe grob raspeln und mit heißem Wasser zu einem Brei vermischen. Mit der entstandenen Seifenlauge besprühen wir unser noch sehr weiches Märchenwollei, bis es gut durchtränkt und seifig ist. Jetzt können wir die glitschige Seife ausgiebig in die Wollfasern einmassieren. Die Wollfasern beginnen sich zu verfilzen und das Ei wird immer fester. Wenn sich die Wollfasern ineinander gefilzt haben, können wir mit dem Walken beginnen. Walken heißt, dass wir unser Ei auf einem rauen Untergrund (z. B. auf einem alten Waschbrett) kräftig rollen. Die Wolle schrumpft und härtet sich zugleich, sie legt sich immer fester um den Rohling. Zum Schluss waschen wir die Seifenreste mit kaltem, klaren Wasser aus und lassen unser Wollei trocknen. Das gefilzte Ei aus Märchenwolle weckt in den Händen der Kinder sicherlich immer wieder ein sinnliches Wohlgefühl und schmückt unsere Osternester in leuchtenden Farben.

Die Ostereier-Zauberei

Es war einmal ein besonderer Osterhase, der hieß Schnüffel. Schnüffel liebte den Zirkus und er war sicher der einzige Osterhase weit und breit, der mit Ostereiern und Pinseln gleichzeitig jonglieren konnte. Während die anderen Hasenkinder noch in ihren kuscheligen Erdhöhlen schliefen, übte Schnüffel schon fleißig seine Zirkuskunststücke.

An einem schönen Frühlingsmorgen waren die Hasenkinder auf dem Weg in die Hasenschule. Da sahen sie von weitem so etwas wie einen hopsenden Ball mit langen Hasenohren durch die Luft fliegen. „Das kann nur Schnüffel sein", rief Hoppel, der Schnüffel an seinen langen, hellbraunen Ohren erkannt hatte. „Kommt, wir schauen, was Schnüffel macht!", rief Hoppel den anderen Hasenkindern zu. Als sie näher kamen, sahen sie Schnüffel auf dem Wiesentrampolin einen doppelten Salto schlagen. Die Hasenkinder waren begeistert, klatschten in ihre Hasenpfoten und riefen im Chor: „Schnüffelhase, eins, zwei, drei, zauber uns ein Osterei!" Nichts leichter als das, denn Schnüffel konnte jonglieren, Akrobatik, und zaubern konnte er auch. Er holte seinen schwarzen Zauberzylinderhut heraus, den er von seinem berühmten Großvater Hasenzampano geschenkt bekommen hatte. Er murmelte etwas von Möhrenfraß und Hasendreck – das war wohl ein geheimnisvoller Zauberspruch. Er zählte bis drei und wie von Zauberhand war der Zylinderhut plötzlich bis an den Rand mit den schönsten Ostereiern gefüllt. „Wie schön angemalt!", riefen die Hasenkinder und Schnüffel verteilte die Ostereier großzügig. In der Hasenschule

merkte der Hasenlehrer Raubein überhaupt nichts, als die Hasenkinder ihm die Zaubereier zeigten. Er lobte sie alle für ihre schön bemalten Ostereier.
Am nächsten Tag ging es wie am Tag zuvor. Die Hasenkinder bewunderten Schnüffels Kunststücke, klatschten in die Hasenpfoten, so laut sie konnten, und riefen im Chor: „Schnüffelhase, eins, zwei, drei, zauber uns ein Osterei!“ Doch Schnüffel war ein schlauer Hase und fragte keck: „Was wollt ihr mir dafür geben, ihr faulen Hasen?“ Hoppel, der Älteste, schlug vor, ihm jeden Tag Möhren zu besorgen, wenn Schnüffel weiter Ostereier für sie aus dem Zylinderhut zauberte. Schnüffel liebte Möhren und willigte ein. Auch an diesem Morgen merkte der Hasenlehrer Raubein nichts. Durch seine Brille, die er schief auf der Nase trug, betrachtete er die schön gemalten Ostereier und lobte die Hasenkinder für ihren Fleiß. Das ging eine ganze Woche lang so, bis der Lehrer Raubein sich doch langsam zu wundern begann. Schnüffel erschien ihm plötzlich immer dicker, was wohl von den vielen Belohnungs-Möhren kam. Die Hasenkinder aber machten in der Schule einen reichlich ungeschickten Eindruck. Obwohl sie doch immer so schön bemalte Eier brachten, stellten sie sich an, als hätten sie noch nie einen Pinsel in der Pfote gehabt. Manche von ihnen konnten noch nicht einmal die Farben gelb und rot auseinanderhalten! Hasenlehrer Raubein sah vielleicht ein wenig dumm aus, aber das war er überhaupt nicht. So machte er sich eines Nachmittags auf den Weg zum Wiesengrund, Ecke Mauseloch, wo Schnüffel wohnte. Was sahen seine Hasenaugen durch die kluge Lehrerbrille? 13 Hasenkinder hockten auf der Wiese um einen schwarzen Zauberzylinder und übten die Ostereierzauberei. Sie sprachen alle zusammen Schnüffels Zauberspruch:

„Wir zählen nun bis eins, zwei, drei
und zaubern uns ein Osterei.
Möhrenfraß und Hasendreck,
krieg keinen Schreck!
Naseweise Hasenkinder –
voll Eier sei der Hutzylinder!“

Als sie den letzten Satz gesagt hatten, entdeckten sie Lehrer Raubein, der mit ernstem Gesicht und mit windschiefer Brille hinter ihnen stand. Sie bekamen einen solchen Schreck, dass der ganze Zaubertrick platzte und alle Eier, die schon im Zylinderhut lagen, mit einem Knall wie vom Erdboden verschwunden waren. Schnüffel jammerte und heulte: „Jetzt geht es nie mehr, niiie mehr! Das hat schon mein Großvater, der berühmte Hasenzampano, gesagt: „Wer beim Zaubern einen Schreck kriegt, verliert die Zauberkraft für immer!“
So richtig traurig über die verlorene Ostereierzauberei war aber niemand. Die Hasenkinder lernten jetzt endlich das Eierbemalen mit Farbe und Pinsel und sie hatten eine Menge Spaß beim Matschen und Schmieren mit Farbe. Schnüffel konnte im Malunterricht mit seinem Jongliergeschick glänzen. Mit drei Pinseln und drei Ostereiern gleichzeitig jonglieren, das machte ihm niemand nach. Am Abend vor Ostern waren alle Eier bunt angemalt. Die Hasenkinder rannten frühmorgens los, um ihre Eier für die Kinder zu verstecken. Alle, bis auf Schnüffel! Wo war Schnüffel?
Wenn du am Ostermorgen ein rätselhaftes Ei entdeckst, das wie angeflogen plötzlich vor dir liegt, in deinem Bett vielleicht oder in deinem Schuh ... Dann kannst du sicher sein, dass Schnüffel das Zaubern doch nicht verlernt hat.

Regina Bestle-Körfer

Ein Frühlingsfest am Bach

Ein Tag voller Rauschen und Plätschern

Eine besondere Idee

Wenn die Tage länger werden und es draußen wieder angenehm warm wird, beginnt die Zeit der Feste. Warum nicht einmal zu einem Frühlingsfest an den Bach einladen? Nach der kühlen und dunklen Winterzeit genießen es unsere Sinne, einen hellen, warmen Tag oder Nachmittag lang draußen zu sein. Gemeinsam können Eltern und Kinder, Große und Kleine auf Entdeckungsreise gehen, spielen, Abenteuer bestehen, werkeln und kreativ sein.

Für den äußeren Rahmen des Festes – Einladung, Getränke und Kulinarisches – sind der Fantasie keine Grenzen gesetzt. Eine Besonderheit gilt es jedoch bei einem Bachfest im Voraus bekannt zu geben: Alle sollten Gummistiefel tragen!

Zu Beginn des Bachfestes werden alle Gäste in kleine Gruppen aufgeteilt, Eltern und Kinder bunt gemischt. Jede Gruppe sollte etwa 4 bis 8 Mitspieler haben. Dann kann es losgehen. Manche Spiele sind als Wettspiele angelegt, bei anderen kommt es mehr darauf an, gemeinsam etwas zu gestalten.

Wasserschöpfen

Jede Gruppe erhält einen Eimer, den sie bis zum Rand mit Bachwasser füllen soll. Jedoch darf das Wasser nur mit Hilfe der Hände geschöpft und in den Eimer gefüllt werden. Welche Gruppe ist am schnellsten fertig?

Spritzspiele

Kleine und große Eimer, Gießkannen, Blumenspritzen, gelöcherte Jogurtbecher und alle möglichen anderen Gefäße werden mit Wasser gefüllt. Dann stellen wir uns in einer Reihe an das Bachufer oder auf einen Steg und inszenieren Wasserspritzereien. Wir schütten alle gleichzeitig unsere Eimer aus, lassen nacheinander das Wasser aus den Gießkannen plätschern, zerstäuben Wasser zu feinem Nebel mit den Blumenspritzen oder lassen Wasser in feinem Strahl aus den Jogurtbechern fließen.

Floßbau

Aus kleinen Ästchen, Holzstücken und Schnur bauen wir kleine Flöße. Jedes Floß bekommt einen Passagier, der aus Naturmaterialien, das am Bachufer zu finden ist, gebastelt werden kann. Im Anschluss werden alle Flöße gleichzeitig aufs Wasser gesetzt, und los geht die Fahrt!

Bachgebrabbel

Wir denken uns lustige und verrückte Bach-Zungenbrecher aus, die alle so schnell wie möglich nachsagen müssen z. B.: Beim blubbernden Bach biegen sich blühende Birkenbäume. Oder: Eine fette Forelle flutscht flott durch die fließenden Fluten. Wem fallen noch mehr lustige Sätze ein?

Bach überqueren

Wir suchen eine flache Stelle am Bach, an der große Steine uns das Überqueren des Baches möglich machen oder an der ein Baumstamm sich quer über den Bach gelegt hat. Falls es eine solche Stelle in der Nähe nicht gibt, können wir gemeinsam ein paar große Steine als Trittsteine ins flache Bachwasser oder ein paar Balken über den Bach legen. Nun überqueren wir gruppenweise den Bach. Erwachsene müssen allein balancieren, neben den Kindern geht immer ein Erwachsener und gibt Hilfestellung.

Bach-Safari

Eine Gruppe geht einen zuvor bestimmten Abschnitt des Baches ab und sucht nach Besonderheiten im Bachbett oder am Ufer. Diesen Plätzen geben wir geheimnisvolle Namen, die dem besonderen Charakter des Platzes gerecht werden, z. B. „Zwergenhöhle“ für eine unterspülte Baumwurzel oder „Kreiseldreher“ für einen kleinen Strudel im Wasser. Mit Hilfe der Erwachsenen notieren wir unsere geheimnisvollen Namen. Anschließend müssen die Mitspieler einer anderen Gruppe an Hand unserer Namen und Bezeichnungen die entsprechenden Stellen am Bach ausfindig machen.

Kiesel-Suche

In einem vorher abgegrenzten Bereich werden Kieselsteine im Bachwasser verteilt. Manche sind an der Unterseite mit einem wasserfesten Stift mit Symbolen versehen, z.B. Sonne, Blume, Wolke, Vogel oder Fisch. Wer einen solchen Stein findet, läuft mit ihm zum Spielleiter, der dann der ganzen Gruppe eine Frage oder eine kleine Aufgabe stellt. Solche Fragen können sein: Sing ein Lied, in dem das Wort Bach vorkommt! Oder: Wie nennt man die Stelle, an der ein Bach seinen Anfang nimmt? Die Mannschaft, die innerhalb einer festgelegten Zeit die meisten markierten Steine gesammelt hat, ist Kiesel-Such-Meister.

Zauberhafte Bachwesen

Mit Schminke und verschiedenen Naturmaterialien wie z. B. Farnwedel, Tannenzapfen, Ästen, Stöckchen, Laub schmücken wir uns als Bachnixen, fantasievolle Bachtiere oder Wasserwichtel und wagen gemeinsam ein Tänzchen durchs Wasser oder am Ufer entlang. Dieser gemeinsame Tanz kann den Abschluss unseres Bachfestes bilden.

Lustiges Treiben in Tümpeln und Teichen

Tiere im und am Wasser

Kaulquappen aus Ton

Die Kinder formen aus wasserfester Knete oder aus Ton kleine Kaulquappen, einen Kopf mit Schwanz. Die Kaulquappen aus Ton können im Backofen erhitzt und so gehärtet werden. Jedes Kind darf eine Kaulquappe in einen kleinen, durchsichtigen Luftballon stecken, den wir nur ganz wenig aufpusten und verknoten. Wenn viele Luftballons mit Kaulquappen in einer großen Zinkwanne mit Wasser gefüllt schwimmen, sieht das aus wie Froschlaich im Teich.

Feuchte Biotope

Bäche, Tümpel und Weiher entstehen, wenn Grundwasser einen Weg nach oben findet und sich sammelt. Tümpel sind meist dicht mit Wasserpflanzen bewachsene Lebensräume für viele kleine Wassertiere. Wenn ein Tümpel sehr groß ist, nennen wir ihn Weiher. Von den Ufern dieser Wasserparadiese aus lassen sich wunderbare Beobachtungen vom Leben der dort lebenden Tiere machen. Es schwimmen, krabbeln, fliegen, flirren und schwirren die interessantesten Insekten wie Libellen, Wasserläufer oder Rückenschwimmer umher. Das Leben von Fröschen, Molchen, Kröten spielt sich im und über dem Wasser auf Ästen und Blättern ab. Vielleicht entdecken wir sogar kleine Kaulquappen, die während ihrer Kinderzeit im Wasser leben und erst nach ihrer Umwandlung zum Frosch teilweise ein Landleben führen.

Frosch-Hüpfspiel

Auf Karton oder grünen Plakatkarton werden große Froschfüße aufgemalt und ausgeschnitten. Diese Froschfüße befestigen wir mit Gummiband oder doppelseitigem Klebeband unter unseren Schuhen oder Socken und versuchen, mit ihnen zu laufen. Mit Straßenmalkreide malen wir grüne Seerosenblätter auf den Asphalt und versehen sie mit Zahlen. Jeder Frosch versucht, mit seinen Froschfüßen in der richtigen Reihenfolge auf die Blätter zu springen. Wer daneben springt, fällt ins Wasser und muss wieder von vorn beginnen. Wir können für unser Frosch-Hüpfspiel auch Taucherflossen nehmen.

Rätsel

Wer watschelt dort im Ufergras
und hat beim Baden großen Spaß?

Ente

Er hockt auf einem grünen Blatt,
er frisst sich an den Mücken satt.
Ruft laut im Chor: „krroak, krroak“,
im Springen ist er meisterstark.

Frosch

Ein lurchiger Geselle hockt auf einem Stein,
mit schwarz-gelb geflecktem Schwanz und Bein.
Sein Name klingt gefährlich heiß,
nun weißt du sicher, wie er heißt?

Feuersalamander

Von der Kaulquappe zum Frosch

Die Froschweibchen gehen zur Eiablage ins Wasser und legen bis zu 1500 Eier in Laichklumpen ab. Nach 5 bis 8 Tagen schlüpfen die Larven, aus denen sich Kaulquappen mit Kopf und Schwanzflossen entwickeln. Sie atmen im Wasser durch ihre Kiemen. Zuerst wachsen den Kaulquappen die hinteren Beine, dann die Vorderbeine, der Schwanz verkürzt sich, bis er verschwindet. Wenn die Lungen gewachsen sind und der Frosch grün geworden ist, geht er an Land. Seine Verwandlung ist nun abgeschlossen. Sie hat insgesamt 2 bis 3 Monate gedauert.

Kröten-Olympiade

Erdkrötenpaare legen zusammen oft weite Wanderungen zum Laichgewässer zurück, wobei die etwas größeren Weibchen die Männchen einen großen Teil des Weges auf dem Rücken zum Wasser tragen.
Wir können mit den Kindern eine Kröten-Olympiade im Freien auf einer Wiese spielen. Dazu bauen wir mehrere Stationen auf, an denen zwei Kindermannschaften miteinander um das Krötengold wetteifern. Zunächst wird jeweils ein kleineres Kind von einem größeren Kind auf dem Rücken huckepack getragen. Dann fädeln die Kinder Perlen auf eine festgelegte Anzahl Fäden und transportieren diese Perlenketten hüpfend zu einem Miniteich. Unser Miniteich ist eine Schüssel mit Wasser, über die wir eine Schnur gespannt haben. Auf diese Schnur werden die Perlenketten mit einer Wäscheklammer gehängt. Die Perlen sollen dabei in der Wasserschüssel baumeln wie die Laichschnüre der Kröten im Tümpel. Die Mannschaft, bei der zuerst alle Perlenketten im Wasser baumeln, bekommen das Krötengold in Form einer goldfarbenen Medaille.
Natürlich gibt es auch Krötensilber für die zweite Mannschaft.

Libellen

Einen kleinen, geraden Ast umwickeln wir im oberen Drittel mit Bindedraht, formen dann aus dem Draht zwei schmale Flügel, die durch mehrmaliges Umwickeln am Ast fixiert werden. Den Hinterleib der Libelle können wir mit Farbe bunt anmalen, die Flügel mit Transparentpapier bekleben. An dünnen Nylonfäden befestigt, können die Libellen über einer Mini-Teichlandschaft oder als Mobile an der Zimmerdecke schweben.

Tief unten im Teich

Von Wassermännern, Nixen und anderen Wesen

An den Ufern von Tümpeln und Teichen treffen verschiedene Welten aufeinander, denn Land, Luft und Wasser gehen hier eine Verbindung miteinander ein. Diese Grenzgebiete beflügelten schon immer die Fantasie der Menschen. In zahlreichen Märchen und Sagen leben Wassernixen und Götter, Fabelwesen und Wassermänner an den Ufern und in den Tiefen der Gewässer. Sie sind voller Geheimnisse und verstehen die Sprache der Tiere oder treiben ihren Schabernack mit den Menschen.

Wasilius, der kleine Wassermann

Auf dem Grunde des Wiesenweihers lebte in einem winzig kleinen Haus der Wassermann Wasilius. Seine Haare waren sehr strubbelig und leuchteten in einem kräftigen Teichgrün. Sein Körper war mit unzähligen Schuppen in den wunderbarsten Farben bedeckt; sie leuchteten türkis, dunkelblau, grün und silbern. Aus seinem Gesicht schauten zwei wache, blaugrüne Augen über einer lustigen Knubbelnase vergnügt in die Unterwasserwelt. Das Wassermannhaus war gemütlich eingerichtet mit Möbeln aus Teichschlamm und Steinen, einem kuscheligen Algenbett und vielen kleinen Schätzen, die Wasilius bei seinen Ausflügen im Weiher gefunden hatte. Die Teichbewohner mochten den kleinen Kerl. Mit den Stichlingen schwamm er um die Wette, die Wasserschnecken kamen oft vorbei, um ein Tässchen Sumpftee mit ihm zu trinken, und mit den Fröschen spielte er auf den festen Blättern der Seerosen Fangen.

Doch als im Frühling die Frösche mit lautem Gequake auf Brautschau gingen und die Enten am Rande des Weihers mit dem Nestbau begannen, wurde Wasilius auf einmal sehr traurig. „Ich hätte auch gerne eine Frau!“, seufzte Wasilius. „Doch in allen Weihern und Teichen weit und breit ist noch nie eine Wassermannsfrau gesehen worden.“

Quaks, der Frosch, hörte geduldig zu und konnte gut verstehen, dass der Wassermann sich manchmal einsam fühlte. Doch er wusste keinen Rat.

Einige Wochen vergingen. Im Weiher wimmelte es von munteren Kaulquappen und an den Ufern machten flauschige Entenküken ihre ersten Schwimmversuche. An einem sonnigen Vormittag tönte auf einmal aufgeregtes Geschnatter und Gequake über den Weiher. Benni, das kleine Küken des Teichhuhns, hatte bei einem Ausflug zwischen den Seerosenblättern jemanden singen hören. Das war am Wiesenweiher noch nie vorgekommen!

Voller Spannung machten sich die Tiere und auch Wasilius auf den Weg, um das Geheimnis des Gesangs zu erforschen. Und tatsächlich, in einer halb geöffneten Seerosenblüte entdeckten sie ein ganz sonderbares Wesen. Es war sehr klein und hatte lange, blaue Haare, die von silbrigen Fäden durchzogen waren. Seine Augen waren blau wie der Frühlingshimmel über dem Teich und sein Körper

war mit Glitzerschuppen bedeckt, die in allen Regenbogenfarben schillerten. Statt Beinen hatte das merkwürdige Wesen einen fischähnlichen Schwanz, der lustig im Takt seines Liedes hin- und herwippte. Wasilius war sprachlos und auch die anderen Tiere konnten vor Staunen zunächst nichts sagen.

Schließlich begann Wasilius doch zu reden und fragte stotternd: „We-wer bist du und wo kommst du her?“ „Hallo!“, sagte das kleine Wesen freundlich. „Ich bin Ninofee, die Nixe. In der Nacht bin ich wohl versehentlich hier gelandet. Ich hatte mich im Gefieder eines Fischreihers versteckt, denn ich wollte etwas von der Welt sehen. Doch ich glaube, ich bin eingeschlafen, und weil ich mich nicht mehr an seinen Federn halten konnte, bin ich hier in diese Seerose geplumpst. Als ich heute morgen wach wurde, habe ich mich natürlich sehr gewundert. Doch es gefällt mir hier.“ Inzwischen hatten sich alle Tiere um Ninofee geschart und starrten sie an. „Hast du Lust, ein wenig bei uns zu bleiben?“, fragte Wasilius. „Ich könnte dir alle schönen Plätze hier zeigen, und wenn du magst, kannst du mich in meinem Haus am Grund des Weihers besuchen.“ „Sehr gern!“, antwortete Ninofee, hüpfte vergnügt aus der Seerosenblüte, reichte Wasilius ihre kleine Hand und gemeinsam schwammen sie los. Der kleine Wassermann war glücklich. Vielleicht ging sein sehnlichster Wunsch ja nun doch noch in Erfüllung!

Viele Jahre sind inzwischen vergangen. Im kleinen Wassermannshaus auf dem Grunde des Wiesenteichs leben Ninofee und Wasilius froh und vergnügt. Um sie herum schwimmen und spielen drei wunderschöne Wassermannsnixenkinder. Und wenn ihr einmal an den Wiesenteich kommt und ganz aufmerksam lauscht, vielleicht könnt ihr sie ja dann gemeinsam singen hören!

Annemarie Stollenwerk

Walpurgisnacht

Hexen feiern ihr Feuerfest

Die Walpurgisnacht-Feuerstelle

Eine Feuerstelle lässt sich überall dort errichten, wo wir ausreichend Abstand zu Häusern, Bäumen und Sträuchern einhalten. Im Wald, in Parks oder öffentlichen Grünanlagen müssen wir immer eine Erlaubnis zum Feuermachen einholen. Zum Sichern oder Befestigen der Feuerstelle ordnen wir dicke Steine kreisförmig an, graben ein kleines Loch ins Erdreich oder benutzen eine Blechwanne oder einen Grill. Egal welche Form der Feuerstelle wir wählen, immer sollte ein Eimer Wasser zum Löschen der Flammen in greifbarer Nähe stehen!

Zerknülltes Zeitungspapier, trockenes Reisig, Ästchen und zum Schluss ein paar Holzscheite werden locker aufgeschichtet und entzündet. Das Feuermachen ist Sache der Erwachsenen, unter deren Anleitung die Hexenkinder das eine oder andere Holzscheit nachlegen dürfen.

Ein altgermanisches Fest

Der Ursprungsgedanke der Walpurgisnacht liegt wahrscheinlich in der Freude darüber begründet, endgültig Abschied vom Winter zu nehmen und den Frühling in einem ausgelassenen Fest zu feiern. Nach altem germanischem Volksglauben vermählen sich in der Walpurgisnacht Altvater Wodan und Freya, sie vertreiben die Macht der Winterdämonen und zeugen den Frühling. Im Hochzeitsgefolge der beiden sahen die Germanen Götter und Helden, gütige Frauen – so wurden die Hexen bezeichnet –, sowie Feen und Elfen versammelt.

Hexentanzlied

Gemeinsam singen wir das Hexenlied und tanzen dabei ums Feuer. Wir probieren verschiedene Sprünge aus, drehen uns im Kreis, tanzen mal langsam, mal schnell, jagen hintereinander her, schwingen dabei die Besen, reiten auf ihnen oder bewegen sie über unseren Köpfen hin und her. Das ausgelassene Tanzen ums Feuer können wir auch mit lautem Geschrei oder wildem Geklapper von Rasseln, Schellen und Glocken begleiten, denn schließlich wird in der Walpurgisnacht der Winter endgültig vertrieben!

Hallo Hexen, aufgewacht!

Text: Annemarie Stollenwerk
Melodie: Thomas Pauschert

Feuer und Flamme

Ein einziger Funke genügt, um ein Feuer zu entzünden, so heißt es. Wir vereinbaren eine Start- und eine Ziellinie. Am Ziel legen wir einige Holzstücke bereit. Zwei Mannschaften versuchen nun im Wettstreit mit Hilfe ihrer Hexenbesen rote Stoff- oder Seidenpapierstücke – die Funken – zum Feuer zu bringen. Dazu klemmen immer zwei Kinder den Stoff zwischen ihren Besen fest. Welche Mannschaft hat zuerst alle Funken zum Holzstapel getragen?

Kohlen aus dem Feuer

In der Kreismitte sitzt ein Kind als Kohlenhexe. Ihre Aufgabe ist es, die „glühenden Kohlen“ zu bewachen, damit das Feuer nicht ausgeht. Dazu legen wir um sie herum einen Kreis aus Grillkohlen. Die Kohlenhexe schließt die Augen und ein Kind wird ausgewählt, das sich leise heranschleicht und versucht, der Kohlenhexe mit einer Grillzange heimlich und leise ein Kohlenstück wegzunehmen. Wird es beim Stehlen erwischt und kann die Kohlenhexe es am Arm packen, bekommt es einen kleinen Kohlenstrich ins Gesicht und wird die nächste Kohlenhexe.

Rund ums lodernde Feuer

Hexenzauber

Das Hexenbild

Diese Hexe gibt es nur im Märchen: eine runzlige Alte mit Buckel, Warzennase, schwarzer Katze auf der Schulter, abgrundtief böse wie im Märchen von Hänsel und Gretel. In unser heutiges Hexenbild mischen sich Bilder und Hexenfiguren aus den Kinder- und Märchengeschichten vergangener Tage, aus dem Wissen um die grausame Wirklichkeit der Hexenverfolgung des Mittelalters und aus den Hexenmädchen der aktuellen Kinderbuchszene. Eines aber haben alle gemeinsam: die Neigung zum Übersinnlichen und die Fähigkeit des Hexens und Zauberns. Der klassische Besen, auf dem sie durch die Nacht reiten, ist ein Sinnbild für ihre Fähigkeit, durch wilden Tanz und Musik sinnliche, die Sinne berauschende Körpererlebnisse zu erzeugen. Gemeint ist damit die Fähigkeit, sich über den Alltag märchenhaft hinweg zu hexen in einen Zustand der Begeisterung und Lebensfreude. Der Tanz auf dem Blocksberg in der Walpurgisnacht, der Ritt über das Element Feuer sind symbolische Bilder der Bewegung, mit der die Hexen in Gemeinschaft ihre Lebensenergie teilen.

Hexenbesen

Was wäre die Hexe ohne ihren Hexenbesen! Aus einem halbwegs geraden Stock und Reisig, das wir draußen vom Boden aufgesammelt haben, binden wir kleine oder große Hexenbesen. Dazu wickeln wir das Reisigbündel mit Hilfe von Bindedraht fest um den Stock und fixieren es zusätzlich mit Klebeband, damit bei wilden Hexenspielereien nichts verlorengeht.

Stunde der Verwandlung

Wir stellen einen großen Spiegel bereit und verschiedene Schmink- und Verkleidungsutensilien (Tücher, Hüte, Stoffe, Perücken etc.). Nach Herzenslust können wir uns hier verkleiden und schmücken. Wir schminken uns gegenseitig und probieren verrückte Hexenfrisuren aus.

Magische Zeichen

Wir suchen im Wald, auf der Wiese oder im Garten nach geheimnisvollen Gegenständen, die einen bestimmten Zauber in sich zu tragen scheinen: Besonders geformte Steine und Wurzelstücke, Federn, Schneckenhäuser, Zapfen etc. Wir wählen unseren Lieblingsgegenstand aus, befestigen ihn an einer Schnur oder einem Lederband und hängen ihn uns um den Hals. Wer mag, kann sich anhand des magischen Zeichens auch einen besonderen Hexennamen ausdenken, z. B. Hexe Feuerschnecke oder Hexe Wurzelnase.

Hexensprung

Wir legen unsere selbst gemachten Besen so auf den Boden, dass die Stiele in der Mitte zusammenstoßen und eine Art Stern entsteht. Ein Kind ist die Ober-

hexe und darf bestimmen, wie alle anderen über die Besenstiele springen sollen: mit beiden Füßen, auf einem Bein, im Hürdenlauf, rückwärts auf einem Bein, seitwärts, im Entengang, aus der Hocke wie eine Kröte usw. Nach einiger Zeit wird gewechselt und eine neue Oberhexe bestimmt den Hexensprung.

Besengewedel

Alle Hexen stehen in einer Reihe mit genügend Abstand nebeneinander. Jede Hexe hat ein sehr leichtes Tuch oder ein Stück Seidenpapier vor sich auf dem Boden liegen. Auf ein Zeichen hin wird mit dem Besen so schnell es geht gewedelt. Wer schafft es, das Tuch oder Papier innerhalb von zwei Minuten am weitesten zu wedeln? Am besten funktioniert dieses Spiel auf glattem Asphalt!

Hexenzauber

Zaubersprüche kennen und sie auswendig aufsagen, ohne das Hexenbuch zu Hilfe nehmen zu müssen, das ist echte Hexenkunst. Wir denken uns lustige oder schaurig-schöne Hexensprüche aus und sprechen sie gemeinsam im Chor, z. B.:

- Krötenbein und Rattendreck, feuerrote Wanzen, glühendheißer Mäusespeck, tausend Runden tanzen!
- Dickes Hinkel-Hühnerbein, fettes, schwarzes Warzenschwein, Zebrastreifenziege, aus dir wird eine Fliege!
- Hokuspokus, blauer Krokus, Frühlingsmorgenröte, werde eine Kröte!

Feuerbilder, mit dem Besen gemalt

Aus kleinen Stöcken und etwas Reisig binden wir uns kleine Besen. Auf dem Boden breiten wir Tapetenbahnen oder Packpapier aus und stellen Schüsselchen mit den Feuerfarben rot, gelb, orange und violett bereit. Mit den kleinen Besen, die wir als Pinsel benutzen, zaubern wir feurige Muster aufs Papier. Wir können streichen, tupfen, schmieren und klecksen, das Feuer kann ruhig und gemütlich oder wild und ungestüm aussehen. Auf diese Weise entstehen eindrucksvolle Bilder, die unser feuriges Hexenleben widerspiegeln. Wir können einzelne Bilder malen oder gemeinsam ein großes Feuertransparent entstehen lassen.

Vom Zauber der Sonnenwende

Die Sonne feiern

Ein altes Ritual

Der Sommer war früher die Zeit der harten bäuerlichen Arbeit. Es blieb wenig Gelegenheit zum Feiern und Ausruhen. Das Fest der Sommer-Sonnenwende gilt jedoch als Sommerfestlichkeit mit reichem Brauchtum. Die hell brennenden Sonnenwendfeuer in dieser Nacht sollten die Wetterdämonen (Hagel und Blitzschlag), die eine reichhaltige Ernte bedrohen könnten, vertreiben. Sprünge über das Sonnenwendfeuer sollten Unheil abwenden. Im geschlossenen Kreis um das Feuer zu tanzen, sollte Glück bringen. In Skandinavien haben die Feiern der Sonnenwende (auch „Midtsommer" oder „St. Hansdagen" genannt) bis heute besondere Bedeutung, da es in der Nacht des 24. Juni im hohen Norden nicht dunkel wird. Auf großen Flößen werden dort Sonnenwendfeuer entzündet, deren lodernde Flammen sich im Wasser der vielen skandinavischen Seen spiegeln.

Johannisbräuche

Seitdem der Gedenktag Johannes des Täufers auf den 24. Juni gelegt wurde, hat Johannes im christlichen Kulturkreis vielen Sonnenfeierlichkeiten und Sonnenbräuchen seinen Namen verliehen. So kennen wir die Sonnenwendfeier auch als Johannisnacht, das Johannisfeuer, das Johanniskraut sowie die Johannisbeeren, die zu dieser Zeit geerntet werden.

Mittsommerkränze

In vielen Gegenden ist es zur Sonnenwende Brauch, Kränze aus sieben oder neun verschiedenen Kräutern zu binden. Sie werden an Türen und Fenster gehängt und sollen Glück bringen. Johanniskraut, die gelbe Blüte mit dem roten Blütensaft, gehört unbedingt dazu. Wir sammeln mit den Kindern Blumen am Wegesrand, z. B. Kornblumen, wilden Mohn, Margeriten, Kamille usw., und binden daraus einen Mittsommerkranz. Vielleicht lernen wir beim Blumensammeln auch das Johanniskraut kennen. Wenn wir die gelben Blüten zwischen den Fingern zerreiben und wenn sie sich rot-violett verfärben, haben wir echtes Johanniskraut für unseren Mittsommerkranz gefunden.

Sonnenbegrüßungsfeier

- Wir begrüßen die Sonne mit einer kleinen Sonnenfeier. Die Kinder malen mit Kreide eine große, leuchtend gelbe Sonne vor die Haustür und können sie in der Mitte mit gesammelten Blütenköpfen von Gänseblümchen und Löwenzahn schmücken.
- Bei schlechtem Wetter legen wir drinnen eine große gelbe Sonne aus kleinen gebastelten Papiersonnen.
- Die Kinder malen kleine Tontöpfe gelb an. Wenn die Farbe getrocknet ist, füllen sie Erde ein und legen einen Blumensamen in die Erde. Sie basteln eine kleine Sonne, die sie auf einen Schaschlikspieß kleben und in ihren Tontopf stecken.
- Die Kinder stellen ihre Töpfe in den Sonnenkreis. Alle Kinder stehen Hand in Hand um die große Sonne herum und singen gemeinsam ein Sonnenbegrüßungslied.

Sonnentanz

Für einen Sonnentanz bilden wir einen Innen- und einen Außenkreis. In den Innenkreis legen wir einen geflochtenen Mittsommerkranz. Es finden sich immer zwei Kinder, die sich paarweise gegenüber innen und außen aufstellen. Sie erhalten ein gelbes Stoffband oder Tuch, das sie wie ein Sonnenstrahl miteinander verbindet. Jetzt tanzen alle Kinder gemeinsam in eine Richtung und singen auf die Melodie von „Brüderchen komm tanz mit mir, beide Hände reich ich dir" folgenden Vers:

1. Sonnenstrahl im Sommerland
reich mir deine warme Hand.
Einmal hin, einmal her,
rundherum, das ist nicht schwer.
2. Sonnenstrahl, du bist so schön,
heute woll'n wir tanzen gehn.
Einmal hin, einmal her,
rundherum, das ist nicht schwer.
3. Die erste Strophe wird wiederholt.

Bei der Zeile „Einmal hin, einmal her" wippen die Kinder im Wiegeschritt auf der Stelle hin und her. Bei „rundherum, das ist nicht schwer" legen sie das Band auf den Boden und jedes Kind dreht sich um sich selbst.

Schwimmende Mittsommerkränze

In Anlehnung an die Taufe nahm man früher am Johannistag ein Johannibad, das neue Kraft schenken sollte. Das Element Wasser, das Leben spendet, gehört neben den Johannisfeuern zu allen Sonnenfeierlichkeiten dazu. Wir können unseren Mittsommerkranz am Ende unserer Sonnenfeier bei einem Sommerspaziergang einem Fluss oder Bach übergeben und unsere guten Sommerwünsche auf eine Wasserreise schicken.

Sonnenwunder aus vergangener Zeit

In vielen alten Kulturen wurde der Lauf der Gestirne beobachtet, beschrieben und mit Bedeutung und kultischen Handlungen verknüpft. Insbesondere der Sonne als auffälligste Himmelserscheinung wurden viele Rituale und Stätten der Verehrung geschaffen. Die keltische Steinanlage in Stonehenge (England) etwa beweist, dass ihre Erbauer bereits um 2000 vor Christus über ein besonderes astronomisches Wissen verfügten. Sie ordneten die Steinstelen so an, dass genau zum Zeitpunkt der Sommer-Sonnenwende die aufgehende Sonne durch die Hauptachse der steinernen Riesen scheint. Ein Schauspiel, das jedes Jahr viele Menschen in Stonehenge feierlich erwarten. Auch in Ägypten gibt es einen Tempel, der als das „Sonnenwunder von Abu Simbel" bezeichnet wird, weil nur zur Zeit der Sonnenwende, bei Sonnenaufgang, Licht in das Allerheiligste des Tempelinnersten fällt.

Die Erde trägt ein buntes Kleid

Bunte Sommerblumen

Sommerschönheiten

Bunte Sommerblumen finden wir im Sommer beinahe überall: im Garten, im Wald, auf den Feldern und sogar zwischen den Pflastersteinen der Wege und Straßen bahnt sich so manches kleine Blümchen seinen Weg ans Licht. In sonnenheller Sommerzeit lässt es sich gut wachsen. Zum Sommer gehört sie einfach dazu, die strahlende Farbenpracht der Blumen. Doch wer kennt noch die Namen der ungezählten Schönheiten auf Wiesen und am Wegesrand, mit ihren Eigenarten und Besonderheiten, die uns spannende Blumengeschichten erzählen?

Zauberhafte Farben

Auch wenn wir die bunte Blumenwiese in unserem Garten als unbeschreiblich vielfältig erleben, sind es nur wenige Farbstoffe, die für die Farben der Blumen verantwortlich sind. Blau- Rot- und Violetttöne stammen beispielsweise aus dem Hauptbestandteil einer Farbsubstanz (Anthocyane), die sich abhängig vom Säuregrad in der Blume entweder in Richtung der Rot- oder der Blautöne entwickeln. Und weil der Säuregrad in den Pflanzen immer unterschiedlich ist, gibt es eine so große Palette von Blau- und Violetttönen in der Natur.

Blumenzauberei

- Wir können aus einer weißen Blume eine blaue Blumen zaubern, indem wir in das Gießwasser ein wenig blaue Tinte dazugeben.
- Wenn wir ein paar blaue Blüten von Vergissmeinnicht, Glockenblume oder eine Borretschblüte auf einen Wattebausch legen, den wir vorher mit Essigessenz getränkt haben (Vorsicht, Essigessenz ist ätzend!), und alles unter eine Käseglocke legen, dann können wir beobachten, wie sich die blauen Blütenköpfe in einigen Stunden in rosafarbene Blütenköpfe verwandelt haben.

Blumenratequiz

Viele Wiesenblumen haben lustige und klangvolle Namen. Wir spielen ein Blumenratequiz, indem ein Kind den Namen einer Blume ins Ohr geflüstert bekommt und es versucht an einer Wandtafel den Blumennamen so aufzumalen, wie er sich wörtlich aus zwei Worten zusammensetzt: z. B. Storch-schnabel, Ochsen-auge, Sonnen-röschen, Königs-kerze, Nacht-kerze, Finger-hut, Glocken-blume, Flockenblume, Teufels-kralle usw. Alles was den Ratenden

hilft, darf gemalt werden. Wer den Namen der gemalten Blume errät, darf als Nächstes malen.
Oder wir spielen unser Ratequiz in zwei Gruppen – immer abwechselnd malt ein Kind für seine Gruppe eine zugeflüsterte Blume, die die Kinder so schnell wie möglich erraten sollen, denn es wird bei diesem Blumenratequiz auf Zeit gespielt. Zum Malen und Raten hat jede Gruppe immer nur zwei Minuten Zeit, dann wird gewechselt. Für jede richtig geratene Blume bekommt jede Gruppe einen Punkt. Wer die meisten Punkte sammelt, ist Sieger im Blumenratequiz.

Blumenuhr

Manche Blumen am Wegesrand ziehen nicht die Blicke der Vorbeigehenden auf sich, sie blühen im Verborgenen. Doch der aufmerksame Blumenbeobachter entlockt auch einer unscheinbaren Blume ihr Geheimnis: Viele Blumen besitzen eine innere Uhr für die Tageszeit. So öffnen und schließen Blumen ihre Blüten zu unterschiedlichen Zeiten.
Die Ringelblume öffnet ihre Blüten gegen 9 Uhr und schließt sie bereits am frühen Nachmittag gegen 14 Uhr. Die Zaunwinde öffnet ihre Blüten bereits um 6 Uhr in der Früh und schließt sie gegen 16 Uhr. Die Nachtkerze öffnet ihre Blüten erst gegen 18 Uhr und schließt sie in den Morgenstunden. Die weiße Lichtnelke öffnet ihre Blüte in den frühen Abendstunden und verströmt einen intensiven Geruch. Früher richteten sich die Bauern nach den Blüten des Wiesen-Bocksbartes (eine kleine, gelbe Blume, die der Löwenzahnblüte ähnelt). Wenn der Bocksbart gegen 12 Uhr seine Blüten schloss, wurde Mittagspause gemacht.

Blumenforscher

Wir spielen Blumenforscher. Die Kinder basteln aus Fotokarton kleine Blumenstecker, die sie auf einen Schaschlikstab oder einen kleinen Stock kleben. Auf den Blumenstecker haben sie ein geöffnetes Auge gemalt. Auf einem morgendlichen Streifzug durch den Garten suchen sie Blumen, die ihre Blüten schon geöffnet haben, und stecken ihre Blumenstecker zwischen die Blumen in die Erde. Am Nachmittag oder am Abend besuchen sie ihre Blumen wieder und schauen nach, welche Blumen noch blühen und welche Blumen schon eingeschlafen sind.

Gefühlvolle Blumen

Blumen zeigen an ihren Blättern, die sie hängen lassen oder steil aufstellen, und an ihren Blüten, die sie unter bestimmten Bedingungen öffnen oder schließen oder der Sonne zu- oder von ihr abwenden, wie sie sich gerade fühlen. Blumen und Pflanzen reagieren auch auf Witterungseinflüsse.

- Die Silberdistel wird wegen ihrer verlässlichen Wetterfühligkeit im Volksmund auch Wetterdistel genannt. Wenn sie ihre Blüte bei Sonnenschein weit öffnet, gilt sie als Gut-Wetter-Prophet. Wenn sie jedoch ihre Blüten bis zum Nachmittag noch nicht geöffnet hat, deutet dies auf hohe Luftfeuchtigkeit hin, die die Silberdistel fühlt, und das lässt auf baldigen Regen oder ein Gewitter schließen.
- Auch die Blätter von Tomatenpflanzen verraten uns, ob wir mit Regen rechnen müssen. Wenn Regen naht, klappen Tomaten ihre Blätter herunter.
- Der Wald-Sauerklee reagiert als Schattengewächs empfindlich auf sehr starke Sonnenbestrahlung und Hitze. Um zu starke Verdunstung zu verhindern, klappt er seine Blättchen einfach zusammen.

Spiel und Spaß im Feen- und Elfenland

Zauberhafte Welten

Märchenhafte Wesen

„Glück verbreitet sich in einem Haus, das einen Elf besitzt“, so schreiben schon die Gebrüder Grimm. Feen- und Elfengeschichten stammen aus uralten Zeiten, in denen viele Menschen noch eine natürliche Verbindung zu unsichtbaren Welten und Naturgeistern empfanden. Feen und Elfen galten als geschätzte Glücksbringer und Helfer und wir wünschen sie uns manchmal auch heute herbei in unsere Gärten, Wälder und Parks, um mit Fantasie und mit allen Sinnen ihren Zauber in der Natur zu spüren.

Das Märchentor

Bevor wir auf Feen- und Elfensuche gehen, erzählen wir den Kindern, dass wir diese klitzekleinen Wesen nur entdecken können, wenn wir uns nahe zur Erde hinabbeugen. Um ins Feenreich zu gelangen, muss ein jeder Besucher aber erst durch das Märchentor hindurchkrabbeln.

Wir gehen mit den Kindern in die Natur, dorthin, wo es noch verwunschene Plätze im Wald, Park oder Garten gibt. Ein Kind stellt das Märchentor dar und alle Kinder krabbeln durch seine Beine hindurch ins Feenmärchenland. Unsere Feen- und Elfensuche kann beginnen. Dafür schauen wir vorsichtig und leise unter Blätter und Wurzeln, in Blütenkelche und Baumhöhlen hinein. Hat es dort nicht geraschelt? Was glitzert denn da? Im flirrenden Licht des Morgens, mit kleinen Tautropfen, die in der Sonne blinken, oder im Glanz der goldenen Abenddämmerung empfinden wir die Natur als besonders geheimnisvoll.

Baumgesichter

Es gab Elfen, die in Bäumen lebten. Wer die Rinde eines Baumes genau und lange anschaut, kann vielleicht ein verborgenes Elfengesicht in der Rinde entdecken: die Kontur einer Nase, des Mundes, zwei Augen. Die Kinder suchen ein Stück Rinde auf dem Waldboden und gestalten daraus mit anderen Naturfundstücken (Blätter, Blumen, Nadeln, Stöckchen usw.) ein Elfengesicht.

Geheimnisvoller Feenkreis

Die Feen haben sich auf der Sommerwiese zu einem geheimnisvollen Feenkreis versammelt. Sie haben ein Kind in ihren Kreis gelockt und mit ihren Feengesängen verzaubert. Viele Kinder stehen im Kreis, sie sind die Feen. Sie summen gemeinsam ein Sommerlied. Ein Kind steht mit geschlossenen oder verbundenen Augen im Kreisinneren. Der Kreis wird an einer Stelle etwas geöffnet, so dass eine Lücke entsteht. Das Kind in der Mitte versucht nun an den Stimmen der Kinder die Lücke im Feenkreis zu finden. Nahe der Lücke summen die Feen sehr leise, die weiter entfernt stehenden Feen summen laut. Kann das gefangene Kind durch aufmerksames Hören die Lücke im geheimnisvollen Feenkreis finden und sich befreien?

Elfenfangen

Für dieses Bewegungsspiel werden vier Kinder, die sich als Zwerge in der Mitte eines Kreises auf dem Boden niederlassen, ausgewählt. Die Zwerge im Elfenreich üben das Schusterhandwerk aus. Dazu hat jeder Zwerg seinen rechten Schuh ausgezogen und klopft damit auf den Boden. Die Elfen tanzen, sich an den Händen haltend, im Kreis um die Zwerge herum und singen ein Lied. Einer der Zwerge hat eine Trillerpfeife im Mund und stößt unvermutet einen Pfiff aus. Die Elfen lassen einander los und laufen fort zu einem vorher vereinbarten, weiter entfernten Baum. Die Zwerge ziehen blitzschnell ihren rechten Schuh an und versuchen die Elfen zu fangen, bevor diese den Baum erreicht haben. Die gefangenen Elfen werden auch zu Zwergen und gehen in der nächsten Runde mit in den Kreis zum Schustern und Fangen.

Wenn das Moosweibchen schläft

Das Moosweibchen hat die ganze Nacht viel zu tun. Es spinnt das Moos unter die Bäume und immer, wenn es beim Spinnen einen glitzernden Edelstein in der Erde findet, versteckt es ihn unter einem frischen Mooskissen, damit die Zwerge die kostbaren Steine nicht finden. Am Morgen legt sich das Moosweibchen erschöpft in sein Moosbettchen und schläft bis zum Abend.

Die Kinder sammeln Mooskissen im Wald. Ein Kind darf das Moosweibchen spielen. Unbeobachtet von den anderen Kindern versteckt es draußen im Garten viele kleine Mooskissen. Unter einige Moospolster legt es jeweils einen glitzernden Glasstein oder eine Murmel. Nun dürfen alle Kinder auf Schatzsuche gehen. Wer die meisten glitzernden Edelsteine findet, darf als Nächstes das Moosweibchen spielen.

Rübezahls Reich

Rübezahl galt in alten Geschichten als der Waldgeist, der mit einem Stab in der Hand in immer neuen Verkleidungen den Wald durchwanderte und überwachte. Die Menschen fürchteten sich vor dem riesigen Waldelf und taten, was er von ihnen verlangte. Ein Kind darf Rübezahl sein. Es steht auf einem Baumstumpf und die anderen Kinder stehen Rübezahl in einer Reihe gegenüber, ca. 20 Schritte von ihm entfernt. Die Kinder versuchen durch abwechselndes Fragen sich Rübezahl zu nähern. „Rübezahl, wie viele Schritte darf ich gehen?“ Rübezahl antwortet zum Beispiel: „Du darfst vier Gänsefüßchen gehen“, oder „du darfst zwei Riesensprünge machen“. Bevor die Kinder tun, was Rübezahl erlaubt hat, müssen sie jedoch nochmals fragen: „Darf ich?“ Wer jedoch vergisst, nochmals um Erlaubnis zu fragen und sofort losspringt, bekommt von Rübezahl eine Strafe. Er muss die erlaubten Schritte und Sprünge rückwärts anstatt vorwärts gehen. Das Kind, das zuerst mit seinen Füßen die Fußspitze von Rübezahl berührt, ist Sieger des Spiels und darf in der nächsten Spielrunde Rübezahl sein.

Ein Sommer-Feenabenteuer

Es ist Sommer geworden. Jeden Morgen erwacht Amaryllis, die kleine Blumenfee, schon vor Sonnenaufgang. Sie springt putzmunter aus ihrem Blätterbett und spritzt sich fröhlich ein paar Tautropfen in ihr zartes Feengesicht. Dann frühstückt sie mit ihren Feeneltern in der Wurzelhöhlenküche.

Die Sonne geht auf und schon klopfen ihre Sonnenstrahlenfreundinnen ans Fenster der Wurzelhöhle. Amaryllis packt ihre Blumenschatzkiste mit den winzig kleinen Blumensamen in ihr Weidenkörbchen und bittet

ihre Feenmama um ein paar Rosenblätterkekse für ein Picknick im Grünen. „Hast du deine Grasflöte umgehängt?“, ruft ihre Feenmama aus der Wurzelhöhle. Es ist eine Zauberflöte, mit der Amaryllis unsichtbar wird, wenn sie auf ihr spielt. Amaryllis schickt ihrer Feenmama einen Abschiedskuss durch die Luft, flötet ein lustiges Feenliedchen auf ihrer Grasflöte und schwebt wie ein unsichtbarer Engel davon.

An diesem schönen Sommertag zaubern Amaryllis und ihre Sonnenstrahlenfreundinnen zwischen grünem Gras und grünem Farn einen Blütenteppich aus weißen Margeriten, gelben Sonnenröschen und rotem Klatschmohn. Weil Zaubern so müde macht, setzen sie sich zu einer kleinen Zauberpause mitten in ihre gerade gezauberte Blumenwiese und lassen sich die Rosenblätterkekse schmecken.

Da verspürt Amaryllis in ihrer Nase ein sonderbares Jucken. Der Duft einer Blume hat sich in ihrer Nase verfangen. „Hatschi, hatschi“, Amaryllis muss heftig niesen, und von ihrem süßen Duft angelockt, steht sie plötzlich vor dieser wunderschönen blauen, hochgewachsenen Blume, die sie noch nie zuvor im Feenwald gesehen hat. Neugierig klettert sie den Blütenstängel empor und schaut tief ins Innere der blauen Wunderblume hinein. Sie erblickt einen schmalen Weg, der an einem goldenen Tor endet. Vorsichtig betritt sie den samtig weichen

Weg, bis plötzlich ein so lautes Brummen ertönt, dass die ganze Blume erzittert. „Du brummst aber laut!", ruft Amaryllis erleichtert, als sie die Hummel Hilda erkennt. „Sonst hört mich ja niemand", brummt Hilda und das goldene Tor öffnet sich wie von selbst. Die Hummel Hilda ist verschwunden. Amaryllis klatscht begeistert in ihre kleinen Feenhände. Sie kann sich gar nicht satt sehen an dem wunderschönen, duftigen Traumgarten, der im Herzen der blauen Blume vor ihr liegt. Das muss der Königsgarten des Elfenkönigs sein. In der Mitte des Traumgartens glitzert ein Bächlein und ein schneeweißer Schwan schwimmt lautlos über das kristallklare Wasser. „Komm, steig auf meinen Rücken, kleine Fee", sagt der weiße Schwan, „ich zeige dir, wo Iris ist." Amaryllis klettert auf den Rücken des Schwans und wartet gespannt, wer das unbekannte Wesen mit dem schönen Namen sein mag. Die traumhafte Wasserreise auf dem weißen Schwan endet im Schlossgraben eines prächtigen Elfenschlosses. Der Schwan schenkt Amaryllis eine glänzend-weiße Feder aus seinem Federkleid und flüstert ihr zum Abschied ein Geheimnis in ihr Feenohr: „Nach sieben goldenen Türen wirst du Iris finden." Dann schwimmt er davon.

Als Amaryllis vor dem großen, goldenen Schlosstor steht, ist es verschlossen. Doch da erinnert sie sich an die weiße Feder des Schwans. Sie berührt mit der Schwanenfeder das Türschloss und wie durch Zauberei öffnet sich zuerst das schwere Schlosstor. Amaryllis entdeckt eine weitere goldene, verschlossene Tür und öffnet diese ebenso wie die nächsten fünf goldenen Türen mit ihrer weißen Zauberfeder. Als sich die siebte goldene Tür öffnet, sieht Amaryllis eine kleine traurige Elfenprinzessin mit einer strahlenden Blütenkrone an einem kleinen Fenster sitzen.

„Du musst Iris sein!" sagt Amaryllis froh. „Warum sitzt du so alleine in diesem goldenen Zimmer? Komm lieber mit mir nach draußen auf die Wiese Blumen zaubern. Die Sonne wird dir gut tun!" Die traurige Elfenprinzessin seufzt: „Ach, die Sonne würde mir schon gefallen, aber die böse Mooshexe lauert überall. Sie lockt kleine Feenprinzessinnen in ihr unterirdisches Reich! Wen sie einmal gefangen hat, den gibt sie niemals mehr frei. Ich kann nicht mit dir gehen. Es ist zu gefährlich draußen, hat mein Vater gesagt. Ich darf das Elfenschloss nicht ohne ihn verlassen." Amaryllis wird selbst ganz traurig, als sie Iris Geschichte hört. Da kommt ihr plötzlich ein wunderbarer Feengedanke: „Meine Grasflöte wird dich beschützen, wenn wir zusammen sind. Du brauchst mir nur deine Hand zu geben. Ich spiele auf meiner Flöte, wir werden unsichtbar und die Mooshexe wird dich niemals erwischen." Als Iris, die kleine Elfenprinzessin, das hört, rollen zwei Freudentränen über ihr blasses Prinzessinnengesicht, und sie laufen los.

Ein paar lustige Zauberstunden auf der bunten Wiese sind schnell vorübergegangen. Kurz vor Sonnenuntergang bringt Amaryllis ihre neue Freundin Iris unbemerkt ins Elfenschloss zurück. Iris ist glücklich, ihr Gesicht leuchtet vor Freude und zum Dank schenkt sie Amaryllis ein kleines goldenes Schatzkistchen mit einem kostbaren winzigen Blumensamen auf einem purpurroten Kissen. Amaryllis hat seit diesem Abenteuer in der blauen Blume eine richtige Prinzessin zur Freundin und einen Blumensamen, mit dem sie die schönste blaue Blume zaubern kann – die Iris.

Regina Bestle-Körfer

Vom Wind verweht

Wie Pflanzen ihre Samen verbreiten

Auf Wanderschaft gehen

Mithilfe ihrer fliegenden bzw. durch die Luft schwebenden Samen haben manche Blumen die ganze Welt erobert, etwa der Löwenzahn. Alle Blumen und Gräser der Wiese, alle Sträucher und Bäume in Wald und Feld sind Samenpflanzen. Sie machen das Pflanzenkleid der Erde vielfältig und bunt. Durch sie sorgt die Natur dafür, dass eine Pflanzenart nicht ausstirbt. Wenn aber hunderte „Pflanzenkinder" rund um ihre Eltern herum wachsen würden, hätten sie nicht genug Licht, Wasser und Platz, um leben zu können. Deshalb gehen Samen auf Wanderschaft und verteilen sich übers Land. Dabei sind sie auf wundersame Weise – wie der Löwenzahn mit seinen Schirmchen – für eine manchmal weite Reise gerüstet.

Unterwegs

Sanft wiege ich mich im Sommerwind
doch plötzlich fasst mich ein Windstoß geschwind.
Er lässt mich fliegen über Wiesen und Felder,
trägt mich bis zum Rande der Wälder.
Dann, irgendwann, hört der Wind auf zu wehn,
ich segle nach unten, fange an mich zu drehn.
Auf dem warmen Boden im erdigen Gelände
ist meine Reise schließlich zu Ende.

Annemarie Stollenwerk

Samen sammeln

Wir sammeln verschiedene Pflanzen- und Baumsamen und betrachten sie genau. Manche sind so klein und zart, dass wir eine Lupe zu Hilfe nehmen müssen. Wenn wir draußen im Sommerwind unterwegs sind, können wir feine, leichte Samen (Löwenzahn, Distel, Waldrebe etc.) mithilfe alter Wollhandschuhe oder Wollsocken aufsammeln; mit feinen Häkchen bleiben diese Samen an der rauen Wollstruktur hängen. Vorsichtig können wir sie dann abpflücken und in eine Schachtel oder Dose geben. An einem windstillen Ort probieren wir in aller Ruhe, welche Flugeigenschaften die einzelnen Samen besitzen. Wenn wir genug geschaut haben, überlassen wir sie dem Wind, der sie in alle Himmelsrichtungen forttragen kann.

Samen

Bei den Samen unterscheidet man zwischen Schleuder- und Flugfrüchten. Bei den Schleuderfrüchten springen die Samenhüllen bei Berührung ruckartig auf und die Samen spritzen wie kleine Feuerwerkskörper oft meterweit durch die Luft, z. B. beim Springkraut, das auch „Rühr-mich-nicht-an-Kräutchen“ genannt wird. Flugfrüchte finden wir bei vielen hohen Bäumen. Aus den Kronen der Bäume haben sie einen guten Startplatz und jeder Windstoß kann sie ergreifen und mit sich nehmen. Andere Flugfrüchte sind mit feinen Seidenhaaren ausgestattet. An warmen Sommertagen schweben z. B. die Samen der Disteln mit weißen Haarkronen in kleinen Wolken davon. Löwenzahn und Wiesenbocksbart haben kleine Schirmchen, die schon beim kleinsten Windstoß davongetragen werden. Jeder zusätzliche Ballast würde die Flugreise dieser Samen behindern. Daher sind die Samen nur von einer sehr dünnen Schale umhüllt. Für Vögel und kleine Nagetiere sind sie besondere Leckerbissen. Doch durch die Masse an Samen, die in jedem Jahr auf die Reise geht, ist ein Fortbestehen der Pflanzenarten gewährleistet.

Zauberhafte Dia-Show

Mit einer Dia-Show können wir uns die faszinierende Welt kleiner Samen ganz groß auf eine Leinwand oder eine weiße Wand projizieren. Dazu legen wir mit einer Pinzette oder mit den Fingern vorsichtig verschiedene Baum- und Pflanzensamen zwischen Diarähmchen mit Glasfenstern. Die Rähmchen lassen sich wie andere Dias im Projektor vergrößern. Je feiner und durchscheinender die Samen sind, desto besser kann man sie auf der Leinwand erkennen und bewundern.

Pustespiele

Wir sammeln Distelsamen. Mit ihrer kugeligen Form eignen sie sich gut für ein paar Pustespiele.

- Wir legen vorsichtig einen Samen auf unsere Handfläche und pusten ihn leicht an. Sofort schwebt er los und der nächste Mitspieler versucht, ihn wieder auf der Handfläche aufzufangen. So kann der Distelsamen von Hand zu Hand oder im Kreis herum weitergereicht werden, eventuell auch als Wettspiel von zwei Mannschaften.
- Wir legen Distelsamen auf einen Tisch und pusten sie vorsichtig hin und her, dabei dürfen sie nicht vom Tisch herunterfallen.

Alle Samen fliegen hoch

Auf ein Bettlaken oder ein Schwungtuch legen wir verschiedene Blumen- und Baumsamen. Behutsam schwingen wir sie auf und ab und beobachten, wie sie im Luftzug des Tuches trudeln, kreiseln, schweben, fliegen und sich drehen. Zum Schluss schwingen wir das Tuch kräftig nach oben und lassen die Samen hoch in die Luft fliegen. Wem gelingt es, einige der Samen mit der Hand aufzufangen?

Arno aus dem Wind

Arno aus dem Wind hatte es satt. Gerade sah er seinen Schwestern zu, die im warmen Sommerwind hoch über der bunt blühenden Wiese einen neuen Luftgeistertanz probierten. „Schon wieder tanzen, schweben und Wiesenduft atmen!“, stöhnte Arno. „Ich möchte Abenteuer erleben. Irgendwo muss es doch etwas anderes zu schnuppern geben als lieblichen Wiesenduft.“ Er schwang sich purzelbaumschlagend hoch in die Luft und plötzlich erfasste ihn ein heftiger Windstoß. Er konnte sich nicht mehr halten und wurde mit ungeheurer Kraft vorwärts getrieben bis zu einer großen Stadt. Schon oft hatte Arno von den Wipfeln der Bäume aus, die am Rande der bunten Sommerwiese wuchsen, die Kirchtürme und die hohen Häuser in der Ferne gesehen. Und bisher hatte er sich auch an die Ermahnung seiner Eltern gehalten, nicht dorthin zu fliegen. Aber jetzt war das ja etwas anderes. Der Wind hatte ihn fortgetrieben und dagegen konnte sich so ein kleiner, schwacher Luftgeist nicht wehren. Also würde er sich mal ein bisschen zwischen den Häusern umsehen … Arno aus dem Wind purzelte etwas unsanft zu Boden. Er war froh, dass er unsichtbar war. So konnte er unbemerkt um Häuserecken huschen, über Straßen und Bürgersteige schweben und sich unter die vielen Menschen mischen, die in der Stadt unterwegs waren. Er ließ sich treiben – immer seiner Nase nach. Heiß war es zwischen den großen Häusern. Die Sommersonne brannte mit aller Kraft auf den Asphalt und hatte den Teer schon etwas aufgeweicht. Ein strenger, klebriger Geruch lag in der Luft. Doch als Arno um die nächste Ecke bog und mitten auf einer befahrenen Straße landete, musste er sich schnell seine Nase und seine Ohren zuhalten. Denn für einen Luftgeist, der nur Wiesenduft kannte, war der Gestank der Autoabgase kaum zu ertragen! So schnell er konnte, rauschte er davon. Ganz außer Atem ließ er sich im dichten Blätterdach eines Ahornbaumes nieder, den er in einer ruhigen Seitenstraße entdeckt hatte. Den frischen Duft des grünen Laubes atmete er tief ein und nach wenigen Atemzügen ging es ihm besser. Doch schon lockten ihn wieder Stimmen und fremde, geheimnisvolle Gerüche. Er verließ den Baum und näherte sich bunten Schirmen, die wie ein großes Dach den Platz vor der Kirche überspannten. Unter den Schirmen standen voll beladene Tische: Auf dem einen lag ein riesiger Kirschenberg, der süß und einladend duftete, daneben lockten Aprikosen und Pfirsiche mit ihrer samtigen Haut. Einen Stand weiter türmten sich Gemüse und Salat in den verschiedensten Farben, knackig und frisch. In kleinen Körben gab es Champignons und Pfifferlinge, die kräftig nach Wald und Moos rochen. Von der anderen Seite des Marktes zogen Duftwolken von Fisch, gebratenen Würstchen, frisch gebackenem Brot, Käse und in Knoblauch eingelegte Oliven und Paprika zu Arno herüber. Aufgeregt tanzte er zwischen den Ständen herum, schnupperte hier und schnüffelte da und nahm voller Begeisterung die fremden Düfte in sich auf. Er konnte sich gar nicht sattriechen. Schließlich gelang es Arno aus dem Wind, sich von den Duftwolken loszureißen. Wie im Rausch segelte er durch die Luft davon, bis die Stadt etwas stiller wurde. Plötzlich sah er am Boden leuchtend blaue Rechtecke, die in frisches Grün eingebettet waren. Neugierig flog er näher. Die Rechtecke waren Wasserbecken, in denen Kinder und Erwachsene ausgelassen herumtollten oder schwammen. In Arnos Nase drang der Geruch des Schwimmbads. Überall auf der Wiese lagen Handtücher, auf denen große und kleine Leute saßen oder lagen und den Sommersonnenschein genossen. Manche von ihnen bemalten ihre Haut mit einer weißen Flüssigkeit. Sie kitzelte Arno aus dem Wind in der Nase. Er musste kräftig niesen. Erschrocken schaute er sich um. Doch im Schwimmbadgetümmel hatte ihn zum Glück niemand gehört. Arno aus dem Wind ließ das Schwimmbad hinter sich und flog weiter, bis er zu einer Kleingartenanlage kam. Viele Bäume standen hier und in den Beeten blühten bunte Blumen. Der Blumenduft erinnerte ihn an seine Blumenwiese. Und plötzlich hatte er es eilig, nach Hause zu kommen. Er wollte unbedingt von seinen Duftabenteuern erzählen, auch wenn er noch nicht so recht wusste, was seine Eltern zu diesem Ausflug sagen würden. Also schwang er sich hoch in den blauen Sommerhimmel mit den federleichten Schleierwolken und flog in großen Kurven und wilden Schlenkern nach Hause. Mit klopfendem Herzen kam er an der Wiese an. Seine Eltern und seine Schwestern saßen gerade beim Tee. Seine Mutter sprang erleichtert auf: „Gott sei Dank, du bist wieder hier. Wir haben uns schon Sorgen gemacht. Doch wo bist du so lange gewesen?" Arno war sehr erleichtert, dass das befürchtete Donnerwetter ausblieb. Voller Eifer begann er von seinem Ausflug in die Stadt zu erzählen. Seine Eltern und seine Schwestern lauschten mit offenem Mund seinen Duftabenteuern und wünschten sich im Geheimen, sie wären dabei gewesen. Am Abend konnte Arno aus dem Wind lange nicht einschlafen. Still war es auf der Wiese und der sommerliche Duft der Blumen hüllte ihn wie jeden Abend ein. Doch in seiner Nase kribbelten noch die vielen anderen Gerüche um die Wette, die er heute kennen gelernt hatte.

Annemarie Stollenwerk

Im grünen Sommerlicht des Waldes

Farn und Moos

Kühle Oase in sommerlicher Hitze

Im Sommer, wenn es in den Straßen und Häusern warm und schwül geworden ist, genießen wir die Wohltat des kühlen Waldes. Im Wald ist es immer etwas kühler als auf dem Feld und auf den Wiesen, da die Blätter der Bäume und Sträucher ständig Feuchtigkeit abgeben. Die Feuchtigkeit verdunstet in der Sonnenwärme und transportiert dabei etwas von der Wärme ab. Im grünen Licht des sommerlichen Waldes, dort, wo es schattig und feucht ist, fällt jetzt besonders das saftige Grün der verschiedenen Farne und Moose auf. An manchen Stellen sprießen richtige Farnwälder und weiches Moos lädt wie ein sanftes Kissen auf dem Waldboden, auf umgekippten Bäumen und auf Felsen und Steinen zum Ruhen und Träumen ein. Die verschiedenen Moosarten bieten einer Vielzahl von Klein- und Kleinstlebewesen Unterschlupf.

Auf Farnsuche

Farn gibt es in verschiedenen Größen und Formen. Manche Farnwedel werden so groß, dass wir uns darunter setzen können, andere sind so klein, dass nur ein Zwerg darunter passen würde. Besonders interessant sehen junge Farnblätter aus, die wie eine Spirale aufgerollt sind und sich nach und nach wie von Zauberhand zu ihrer vollen Größe entfalten. Wir suchen verschiedene Farnblätter und schauen, wie unterschiedlich die Blätter geformt sind, betrachten die Sporen, die bei manchen Farnarten auf der Blattunterseite zu sehen sind, fühlen, wie weich und zart ein Farnwedel sein kann und versuchen, den größten und kleinsten Farn aufzuspüren.

Drucken mit Farn

Wir stellen Wasser- oder Temperafarbe in verschiedenen Grüntönen bereit. Mit einem Pinsel oder einem Wattebausch bestreichen oder betupfen wir damit frischen Farn. Auf großen Papierbögen lassen sich nun schöne Druckbilder herstellen, auf denen die feine Struktur der Farnwedel besonders gut zu sehen ist. Wenn wir unsere Abdrücke kreuz und quer übereinander setzen und mit einem eingestrichenen Blatt mehrmals hintereinander drucken, entsteht ein Farn-Urwald.

Mit grüner, hautverträglicher Schminke bestrichen, können wir mit den Farnblättern auch unser Gesicht, unsere Arme oder unsere Beine bedrucken. Wer mag, kann sich mit dieser Verkleidung mitten zwischen den Farnen verstecken und sich suchen lassen.

Farn

Der Glaube an die Zauberwirkung von Farnkraut und Farnsamen – Sporen genannt – hat Jahrhunderte lang solche Ausmaße angenommen, dass es immer wieder verboten wurde, sich Farnkraut zu beschaffen. Wer sich mit Farnkraut beschäftigte, wurde oft der Hexerei bezichtigt und musste mit Strafe rechnen. So glaubte man zum Beispiel, dass Farnkraut und Farnsporen Wohlstand bescheren: Ein paar Münzen zusammen mit Farnwedeln vergraben, die voller Sporen sitzen, sollte den Geldbeutel füllen. Erfahrene Soldaten wussten: Steckst du vor die Brust ein Päckchen mit Farnkrautsamen, so bist du unsichtbar für den Feind. „Der hat Farnsamen geholt!“, sagte man in Schwaben über Leute, denen einfach alles gelang.

Waldrestaurant

Eine lichte Stelle im Wald, an der sehr viel Farn wächst, ist der geeignete Ort für ein Waldrestaurant. Aus gesammelten Stöcken, die wir in die Erde stecken, konstruieren wir ein Gerüst und verbinden die Grundform durch weitere Äste, die wir mit Kordel fixieren; so entsteht eine Hütte oder ein kleines Haus. Das Dach wird mit Farnwedeln gedeckt und die „Mauern“ mit Farnwedeln verkleidet. Ein dicker Stein oder ein Baumstumpf dienen als Tisch, große Blätter oder Rindenstücke sind die Teller. Aus Ästen, die wir abschälen, werden Messer, Gabeln und Löffel, kleinere Farnwedel sind Servietten oder Platzsets. In diesem Restaurant können wir verschiedene „Spezialitäten“ anbieten. Wie wäre es mit Blattrouladen im Tannennadelbett, mit einem gemischten Salat nach „Waldesart“ oder einer schmackhaften Waldfrüchtesuppe?

Legebilder aus Moos

An einer moosreichen Stelle des Waldes können wir viele verschiedene Moose finden und sie vorsichtig von ihrem Untergrund lösen. Wir beobachten, ob wir dabei kleine Tiere entdecken, die sich im Moos oder in der feuchten Erde an der Unterseite versteckt haben. Das Moos breiten wir auf einem Bettlaken oder einer Decke aus, schauen es uns genau an und erzählen, wo wir es gefunden haben. Wir denken uns lustige Namen für das Moos aus: Feenmoos, Zwergenmützenmoos, Streichelweichmoos usw. Mit den Moosstückchen legen wir auf dem Waldboden Muster, gestalten einen Baum, eine Blume oder einen Pilz nur aus Moos.

Wo sich Fuchs und Hase gute Nacht sagen

Räuberleben

Sommerabenteuer

Das kräftige dunkle Grün des sommerlichen Waldes beflügelt die Fantasie: Wer mag dort wohl hausen, wo sich Fuchs und Hase gute Nacht wünschen? Was verbirgt sich in den abgelegenen Winkeln zwischen großen, alten Bäumen? Steht dort nicht ein einsames Räuberhaus? Draußen im Wald ein Räuberleben führen und Räuberabenteuer erleben, das wird ein spannendes Sommererlebnis!

Räuberversteck

Im Park oder im Wald in einem dichten Gebüsch oder zwischen eng zusammenstehenden Bäumen und Sträuchern richten wir unser Räuberversteck ein. Dieses Versteck können wir mit Ästen, die wir gesammelt haben, noch abgrenzen oder besser tarnen, so dass es auf den ersten Blick nicht zu erkennen ist. Das Innere unseres Räuberverstecks können wir mit Moos, Tannenzweigen, weichem Gras u. Ä., aber auch mit Decken und Kissen wohnlich machen. Wenn das Versteck groß genug ist, können wir aus Rinde, aus Ästen oder kleinen Obstkisten auch Möbel bauen, z. B. einen Tisch oder kleine Hocker, auf denen wir sitzen und Räuberpläne schmieden können.

Räuberkleidung

Wir suchen verschiedene Hüte zusammen, aus denen wir mit langen Federn Räuberhüte werden lassen. Am besten eignen sich dafür echte Federn, doch auch aus farbigem Tonpapier, das wir fransig schneiden, können wir Federn basteln und sie an den Hüten befestigen. Mit schwarzer Schminke malen wir uns Stoppelbärte, einen furchterregenden Schnurrbart oder dichte, buschige Augenbrauen. Mit weiten Hosen, Röcken, langen Hemden und Jacken aus der Klamottenkiste wird unser Räuberaussehen vervollständigt.

Räubernamen erfinden

Wir denken uns Räubernamen wie Schwarzer Hein, Kathrin Ohnefurcht, Messerkarl o. Ä. aus. Vielleicht fällt uns auch ein passender Name für eine ganze Räuberbande ein, mit der wir durch den Wald streifen. Wenn alle einen Räubernamen gefunden haben, versammeln wir uns in unserem Räuberversteck und singen gemeinsam das Räuberlied.

Räuberlied

Text: Annemarie Stollenwerk/Melodie: Thomas Pauschert

3. Sie stopfen sich die Taschen voll mit Klunkern, Gold und Geld,
und fühlen sich wie Könige in ihrer Räuberwelt.

4. Die Räubermesser groß und spitz mit schrecklich scharfen Klingen
die können sie beim Räuberkampf ganz furchterregend schwingen.

5. Doch manchmal wird's im Wald ganz still, die Räuber ruh'n sich aus.
Sie schnarchen laut und hemmungslos im Wald im Räuberhaus.

Sommerfindlinge

Schätze des Sommers

Ein Findling geht auf Reise

Für dieses Stillespiel brauchen wir einige besonders große Muscheln, oder Schneckenhäuser, die eine gut fühlbare Oberflächenstruktur besitzen. Die Kinder sitzen im Kreis und geben eine Muschel oder ein Schneckenhaus von Hand zu Hand weiter. In der ersten Runde darf jedes Kind diesen Findling von allen Seiten betrachten und gibt ihn dann weiter. In der zweiten Runde halten wir unseren Findling ans Ohr und lauschen dem Rauschen von tief innen. In der dritten Runde ertasten wir mit geschlossenen Augen das Muster auf dem Findling mit den Händen. In der vierten Runde darf jedes Kind sich eine Kreide auswählen und die Spiral- oder Rundform unseres Findlings mit Kreide nachfahren. So verwandelt sich der Findling in einen bunten Schatz.

Sammelleidenschaft

Muscheln, die wir am Strand, und Schneckenhäuser, die wir in Wiesen, Wäldern und Feldern finden, sind Schätze, von denen Kinder begeistert sind und die sie in ihren Hosen- und Kleidertaschen in großer Zahl sammeln. Sie sind ein Geschenk der Natur, die an einen schönen Urlaubstag am Strand oder an einen Sommerspaziergang erinnern. Das Finden und Entdecken ist immer wieder ein sinnenreiches Abenteuer, bei der Kinder ihre Hände, Augen und Ohren gebrauchen und mit viel Gefühl Schätze bergen. Wie sehr sie sich in ihre Schatzsuche vertiefen können, sehen wir an ihren staunenden Augen beim Wühlen, Graben, Tasten, Suchen und Finden.

Muschelbilder im Sand

Im Sandkasten zu Hause oder direkt am Urlaubsstrand lassen sich mit gesammelten Muscheln Muschelbilder legen. Es können Tierfiguren gelegt werden oder Bilder aus einfachen Grundformen wie Sonne, Mond und Sterne usw. Die Bilder können zunächst mit einem Stock, einer Sandschaufel oder mit den Händen im Sand „vorgemalt“ werden, bevor sie mit unterschiedlichen Muscheln ausgefüllt werden. Das Legen der Muster, insbesondere Kreis- und Spiralformen, hat meditativen und beruhigenden Charakter.

Urformen in der Natur

Auf Muscheln und Schneckenhäusern entdecken wir spiralförmige Strukturen, die es überall in der Natur gibt. Im unendlichen Kosmos gibt es die Spiralnebel, am Himmel die Wolkenwirbel, Winde, die sich als Wirbelstürme spiralig drehen, Wasserstrudel, die alles mit ungeheurer Kraft in ihre Mitte ziehen und erst am untersten Punkt in Spiralbahnen wieder nach oben frei geben. Die Spirale vereint zwei Kräfte miteinander: die Bewegung nach außen und die Konzentration nach innen auf einen Mittelpunkt hin. Bereits um 3000 v. Chr. erschienen in vielen Kulturen Spiralzeichnungen auf steinernen Grabhügeln. Man vermutet, dass sie das immer wieder aufblühende und absterbende Leben symbolisieren.
Im menschlichen Körper finden wir die Spirale beispielsweise in der Form unserer Ohrmuschel wieder. Die Nabelschnur, die die Mutter mit ihrem ungeborenen Kind verbindet, ist spiralförmig aufgebaut. Betrachten wir unsere Fingerkuppen, entdecken wir bei jedem Menschen einzigartige Spiralmuster.

Papiermuscheln

Auch aus Papier lassen sich schöne Muschelabdrücke herstellen. Dafür wählt jedes Kind eine Muschel aus, die es zuerst dick mit Fettcreme (z. B. Vaseline) einreibt. Danach werden viele Papierschnipsel aus Zeitungspapier oder weißem Seidenpapier gerissen oder geschnitten, die mit Kleister in 3 bis 4 Schichten auf die Oberfläche der Muschel verteilt werden. Die Schicht muss mindestens einen Tag lang trocknen. Wenn das Papier trocken ist, löst es sich dank der Fettcreme auf der Muschel leicht ab. Der Rand lässt sich mit einer Schere zurechtschneiden und wir halten einen Abdruck unserer Muschel in den Händen. Den Muschelabdruck aus Papier bemalen wir innen und außen mit weißer, deckender Farbe (Plaka- oder Acrylfarbe), lassen sie trocknen und tupfen zuletzt mit einem Schwamm oder Stofftuch orangefarbene, rote oder gelbe Muster auf unsere Muschel, um ihr Struktur und Tiefe zu verleihen. Diese Papiermuscheln können wir für Sandbilder verwenden oder wir kleben sie auf einen Bilderrahmen mit einem Urlaubsstrandfoto.

Schneckenhaus-Hüpfekästchen

Mit Straßenmalkreide malen wir ein Schneckenhaus auf den Boden, das sich in mehreren Bahnen nach innen windet. Wir können es in Felder einteilen und mit Zahlen versehen. Ein stabiles Schneckenhaus oder eine kleine harte Muschel ist unser „Hüpfestein", den wir beim Springen mit einem Bein von Feld zu Feld ins Innere des Schneckenhauses schieben müssen.

Schneckenhausblumentopf

Die Kinder formen aus einem großen Klumpen Ton ein großes Schneckenhaus, das sie innen wie ein richtiges Schneckenhaus weit aushöhlen. Die getöpferten, ausgehöhlten Schneckenhäuser lassen wir in einer Töpferei brennen. Die Kinder dürfen nach dem Brennen das Innere ihres Schneckenhauses mit Blumenerde füllen und mit einer Lieblingssommerblume bepflanzen.

Unendliche Wasserweiten

Das Meer

Lebensraum Meer

Das Wasser der Meere und Ozeane bedeckt große Flächen unseres Planeten. Rund um die Erde sind ihre Wassermassen ständig in Bewegung. Ununterbrochen rollen Meereswellen an Küsten und Strände, im ständigen Wechsel von Ebbe und Flut. Wie ein Baumeister gestaltet das Meer die verschiedenen Küstenformen und lässt z. B. Sandbänke und Landzungen entstehen. Unter der Wasseroberfläche verbirgt sich eine faszinierende und sehr bunte Welt, in der eine Vielzahl von Pflanzen und Tieren ihren Lebensraum gefunden haben. Vom Reichtum des Meeres leben nicht nur Tiere und Pflanzen, sondern auch wir, indem wir Fische und Meeresfrüchte fangen und Rohstoffe wie Öl und Gas aus den unendlichen Tiefen des Meeres fördern.

Schatzsuche

Mit den Wellen werden manche kleinen und großen Schätze aus den Weiten des Meeres an Land befördert. Wir machen einen Strandspaziergang und lassen uns die Wellen um die Füße spülen. Wir suchen, sammeln und betrachten, welche Schätze das Meer an Land geschwemmt hat: Muscheln, Schneckenhäuser, Tang, Algen, Krebse, Quallen, Seesterne, Treibholz. Unsere Fundstücke sammeln wir in einer Schatzkiste und können sie so immer wieder in die Hand nehmen.

Treibgut-Tiere

Wenn wir am Meeresstrand unterwegs sind, finden wir oft interessant geformte Holzstücke, die von den Wellen angespült wurden. Durch die starke Wasserbewegung wurden sie gesäubert, ausgelaugt, poliert und zu bizarren Formen gestaltet. Aus solchen Holzstücken basteln wir fantastische Tiere. Wir bemalen sie mit Farbe und schmücken sie mit anderen Fundstücken, z. B. mit Muscheln, Steinen, Schneckenhäusern, Federn.

Wasserfernglas

Aus einem ca. 30 cm langen Stück Kunststoffrohr basteln wir uns ein Wasserfernglas. Mit ihm können wir erforschen, was sich unter der Wasseroberfläche verbirgt. Zunächst schmirgeln wir mit feinem Sandpapier die glatte Oberfläche des Rohrs an. Mit Plaka- oder Temperafarbe malen wir Meereswellen oder andere Wassermotive auf das Rohr. Die Farbe fixieren wir mit wenig Sprühlack, um sie vor Wasserspritzern zu schützen. Wenn die Farbe getrocknet ist, spannen wir mit einem Gummi ein Stückchen Frischhaltefolie über eine Öffnung des Rohrs. Anschließend umwickeln wir den Rand der Folie mehrmals mit einem stabilen Bindfaden und knoten ihn fest. Der Bindfaden hält die Folie nun straff, das Gummi können wir wieder entfernen. Wenn wir das Wasserfernglas nun mit der Folienseite in die Wellen halten, können wir die Welten unter Wasser klar erkennen. Ab und zu müssen wir die Folie wieder nachspannen.

Lustige Meeresreime

Wir erfinden lustige Reime von Tieren und Pflanzen, die im Meer leben. Zum Beispiel:

- Im unendlichen Meeresblau leben ein Hering und seine Frau.
- Im bunten Garten der Meereskorallen verirrten sich fünfzig wabblige Quallen.
- Viel Tinte verlor der Tintenfisch, das wurmte ihn sehr und er ärgerte sich.
- Was hör ich hier unten nur flüstern und tuscheln? Ich glaube, das sind die Quasselmuscheln.

Tiefseetaucher

Zunächst sammeln wir flache Steine, auf die wir mit Tempera- oder Plakafarben kunterbunte Fische malen. Auf weitere Steine malen wir einen Seestern, eine Qualle, ein Seepferdchen, einen Fisch mit goldener Schwanzflosse, eine Muschel oder noch andere Meeresbewohner. Die Farbe müssen wir mithilfe von Sprühlack wasserfest machen. Dann verteilen wir die Steine in einem vorher festgelegten Spielfeld im flachen Wasser am Strand oder in einem Planschbecken. Nacheinander setzen alle Mitspieler nun eine Taucherbrille auf und versuchen möglichst schnell die besonderen Steine aus der Vielzahl der „Fische" herauszufinden. Wir können mit einer Stoppuhr festhalten, wie lange es dauert, bis diese Steine gefunden sind. Wer ist der schnellste Tiefseetaucher?

Tintenfisch-Fangen

Wir bestimmen einen Mitspieler zum Tintenfisch und teilen uns in zwei gleich große Gruppen. In den Sand oder auf den Boden zeichnen wir im Abstand von einigen Metern zwei Linien und stellen uns hinter den Linien auf. Das Spielfeld ist das Meer, in dem der Tintenfisch lebt. Er stellt sich in die Mitte und ruft den Namen eines Mitspielers, dieser wählt ein Kind aus der gegnerischen Gruppe. Beide rennen dann los, um ihre Plätze zu tauschen, ohne dabei dem Tintenfisch in die Fangarme zu geraten. Doch dieser versucht, einen der beiden mit Tintenfischtinte – einem blauen Schminkstift – zu bemalen. Gelingt ihm das, ist der Bemalte in der nächsten Runde der Tintenfisch.

Geheimnisvolle Meerbewohner

Schon aus alten Zeiten wird uns in Geschichten und Büchern von geheimnisvollen Meerbewohnern berichtet, von Meeresgöttern, Nixen und Meerjungfrauen. Sie werden auch Seejungfrauen, Nymphen, Meermädchen oder Sirenen genannt. Sie wohnen verborgen in der Tiefe des Meeres in prächtigen Häusern und Palästen. Nachts tauchen die Meerjungfrauen mit ihren Fischschwänzen aus dem Wasser auf, sitzen im Mondschein auf Sandbänken oder tanzen und spielen in seichten Meeresbuchten. Menschliche Gestalt und eine unsterbliche Seele können sie nur dann erhalten, wenn es ihnen gelingt, sich mit einem Menschen zu vermählen.

Im Hafen

Von Sturmvögeln und Fischerbooten

Kais erster Ferientag am Meer

Kai ist mit seinen Eltern ans Meer gefahren. Sie wohnen in einem kleinen Fischerdorf direkt am Meer. Vom Fenster aus kann man direkt in den Hafen sehen. Jetzt, in den Ferien, kommen viele Segelschiffe in den kleinen Hafen gefahren. Doch am schönsten findet Kai die bunten Fischerboote mit den Fangnetzen. „Darf ich mir den Hafen ansehen?“, fragt Kai seine Mutter. „Bringst du einen gebratenen Hering für unser Abendessen mit“, bittet ihn seine Mutter und steckt ihm ein 2 Eurostück in seine Geldbörse. Kai verlässt das Haus und schon weht ihm eine Brise salzige Meerluft entgegen. Im Hafen riecht es nach Fisch und Motorenöl. Viele Möwen kreisen um den Fischstand, wo es frischen und gebratenen Fisch zu kaufen gibt. Mit lautem Gekreische stürzen sich die Möwen auf die Fischreste, die von den Fischerbooten ins Hafenwasser fallen. Für die Fischer gibt es viel zu tun. Einige schrubben ihre Boote und andere flicken ihre Fischernetze. Kai bleibt vor dem blauen Fischerboot stehen und liest den Namen des Bootes, der dort mit weißen Buchstaben geschrieben steht: ALBATROS. Ein Fischer mit Gummistiefeln und einer Matrosenkappe auf dem Kopf spritzt gerade die Schiffsplanken der Albatros mit dem Wasserschlauch ab. „Na, Junge willst du mir helfen, unseren alten Sturmvogel wieder startklar zu machen? Morgen früh, wenn du noch schläfst, muss die alte Jolle wieder hinaus aufs Meer.“ „Ich muss noch Bratheringe für unser Abendessen besorgen“, sagt Kai leise. „Komm, halt mal den Wasserschlauch, mein Junge, Bratheringe bekommst du von mir so viele du tragen kannst.“ Kai steigt auf das Fischerboot und spritzt und schrubbt zusammen mit Piet, dem Fischer, die Albatros, bis die blauen Schiffsplanken in der untergehenden Sonne glänzen. Seine Eltern haben Kai längst vom Fenster ihres Ferienhauses aus entdeckt und winken ihm zu. Nun tragen die beiden noch die Fischernetze zurück auf Piets Boot und Piet klopft Kai anerkennend auf die Schultern: „Donnerkiel, du bist zu gebrauchen! Hat der junge starke Mann denn schon einmal einen ordentlichen Fisch gefangen?“ Kai schüttelt den Kopf: „Ich habe immer nur Bratheringe aus der Dose gefischt.“ „Dann wird es aber Zeit!“, ruft Piet lachend. Er setzt Kai seine Matrosenmütze auf den Kopf, schenkt ihm ein großes Glas Bratheringe für das Abendessen und lädt ihn ganz früh am nächsten Morgen auf die Albatros ein, um mit ihm draußen auf dem großen Meer viele Fische zu fangen.

Regina Bestle-Körfer

Von Häfen und Schiffen

Häfen in aller Welt werden von einer großen Zahl von Schiffen angelaufen. Bei einem Hafenbesuch oder einer Hafenrundfahrt in einem großen Seehafen gibt es viel zu sehen, zu hören, zu schnuppern, zu lernen – spannende Abenteuer für kleine Piraten. Wir entdecken Frachtschiffe, die Waren aus fernen Ländern zu uns transportiert haben und deren Fracht von großen Hafenkränen entladen wird. Am Landungssteg des Fährhafens legen große Passagierdampfer und Fährschiffe an, um Menschen und Fahrzeuge auf eine Reise über das Meer in die Ferne mitzunehmen. Im Fischereihafen werden frische Fische und Meeresfrüchte an Land gebracht und verkauft. Im Jachthafen herrscht besonders in Ferienzeiten Hochbetrieb, wenn Segel- und Motorboote dort einen Liegeplatz zum Ankern aufsuchen.

Einen Hafen basteln

Auf einer großen Holzplatte bauen wir gemeinsam einen großen Seehafen. Zuerst malen wir die Holzplatte blau an. Das „blaue Wasser" bedecken wir mit einer durchsichtigen Folie, damit es wie glitzerndes, bewegtes Wasser aussieht. Unter die Folie legen wir viele kleine gemalte und ausgeschnittene bunte Fische. Auch Dinge, die nicht ins Wasser gehören, malen die Kinder und schneiden sie aus: alte Fässer, Flaschen, ein rostiges Fahrrad usw. Aus bemalten kleinen Kartons bauen wir Häuser, in denen die angelieferten Waren aus fernen Ländern gelagert werden. Man nennt diese Häuser auch Speicherstadt. Wir bauen Hafenkräne aus kleinen Verpackungskartons, an denen wir kleine Garnrollen befestigen. Die Kinder können einen Wollfaden über die Garnrolle auf- und abrollen lassen und das Be- und Entladen der Schiffe spielen. Wir bauen einen Leuchtturm aus einer leeren Küchenpapierrolle, den wir rot-weißgestreift bemalen und kleben ihn auf der Holzplatte fest. Wir legen eine Hafenmauer aus Steinen auf unsere Holzplatte und zum Schluss basteln und falten wir viele unterschiedliche Boote und Schiffe aus Papier und kleinen Streichholzschachteln, mit denen die Kinder in ihrem eigenen Hafen spielen können. Die Kinder erfahren, dass es in jedem Hafen auch blaue Polizeiboote, rote Feuerlöschboote und grüne Zollboote gibt, die nach Schmuggelware Ausschau halten.

Seemannsgarn spinnen

Früher trafen sich die Matrosen im Hafen und erzählten sich von ihren Reisen so allerhand „Seemannsgarn", das waren lustige und spannende, aber nicht immer wahre Geschichten, mit denen sie sich die Zeit an Land vertreiben wollten.

- Wir stellen uns vor, wir wären Matrosen. Die Kinder setzen sich reihum einen Matrosenhut auf den Kopf. Wer den Matrosenhut gerade auf dem Kopf hat, darf „Seemannsgarn spinnen", das heißt er darf den anderen einen Lügensatz auftischen. Es darf angegeben und dick aufgetragen werden, ohne rot zu werden, z. B.: Auf der Schatzinsel habe ich fünf Seeräuber gleichzeitig besiegt und ins Gefängnis geworfen. Beim Piratenwetttrinken habe ich ein ganzes Fass Limo getrunken, ohne abzusetzen usw.
- Wir spielen das Lügensatz-Alphabet, das heißt der erste Lügensatz muss mit A beginnen, der nächste mit B, der folgende mit C usw.

In den Sand geschrieben

Spiel mit den feinen Körnern

Sandige Hände

Kinder spüren gern, wie der trockene, feine Sand durch ihre Finger rieselt und wie er sich mit Wasser formen und verändern lässt. Mit Hingabe und Konzentration spielen sie im Sand Burgenbauer, Kuchenbäcker, Tunnelgräber, Staudammbauer usw. Wenn das Meer ihre sandigen Kunstwerke mit einer einzigen Welle wegspült, bleibt die Lust, etwas Neues aus Sand zu schaffen, ungebrochen. Sand lädt unermüdlich dazu ein, neue Spuren zu hinterlassen.

Spuren im Sand

Bei diesem Spiel erstellen die Kinder Abdrücke von Taucherbrille, Schwimmflosse, Badeschuh, Schlüssel, Schwimmflügel usw. im glatten, nassen Sand. Nacheinander darf jedes Kind einen Abdruck in den Sand machen und die anderen Kinder raten, um welchen geheimnisvollen Sandabdruck es sich handelt. Für jeden richtig geratenen Abdruck gibt es eine Muschel. Wer die meisten Muscheln gesammelt hat, ist Sandkönig und darf sich von den anderen Kindern die Füße und Beine im Sand einbuddeln und königlich verzieren lassen.

Sandmaler

In feuchten Sand können die Kinder Muster und Bilder malen – mit den Fingern, mit Stöcken oder mit irgendwelchen anderen Geräten.

- In der rechten und linken Hand halten die Kinder einen Stock und versuchen mit beiden Händen gleichzeitig, ein Muster oder eine Form in den Sand zu malen (z. B. Kreis, Schnecke, Sonne, Welle usw.).
- Die Kinder schreiben ihren Namen in den Sand.
- Wir malen ein Sandherz und schreiben mit einem Stock die Jahreszahl unseres Sommerurlaubs in das Herz hinein; ein Foto von unserem Sandherz ist eine schöne Erinnerung für unser Fotoalbum.
- Mit Spielzeugschaufeln und -rechen, mit Kämmen, Besen, breiten Pinseln, mit Seilen, Bällen usw. schieben, ziehen, rollen, kratzen die Kinder Muster und Spuren in den Sand.

Sand

Sand entsteht aus fein gemahlenem Gestein oder aus gemahlenen Muscheln. Durch Bewegungen des Meeres werden Felsen und Riffe abgebrochen, zerrieben und immer feiner gemahlen. Aber auch im Gebirge bröckeln Steine und Felsbrocken unaufhörlich durch Regen, Wind, Hitze und Kälte ab. Sie werden von kleinen Bächen und Flüssen mitgerissen und ins Meer gespült. Die Wellen bearbeiten Muscheln und Steine zu immer feineren Körnchen, bis sie vom Meer als kleine Sandkörnchen an Land geschwemmt werden.

Sandkuchenstaffel

Aus feuchtem Sand backen zwei Mannschaften Sandkuchen um die Wette. Wer schafft die meisten Sandkuchen in 5 Minuten? Es zählen nur Sandkuchen, die nicht auseinander gefallen sind.

Sandsucher

Jedes Kind sucht sich im Sand am Meeresstrand eine schöne Muschel oder einen schönen Stein. Wir lernen unseren Findling genauer kennen, indem wir ihn ausgiebig befühlen und betrachten. Danach werden alle Findlinge in einem großen Eimer mit Sandmatsche vergraben und versteckt. Wer findet seine Muschel oder seinen Stein im Sand-Matsch-Eimer wieder?

Sandfarben

Wir unterscheiden Sand in verschiedenen Farben: weißer Sand besteht aus gemahlenen Muscheln, roter Sand ist besonders eisenhaltig, gelber Sand ist schwefelhaltig, schwarzer Sand ist aus Vulkangestein, rosafarbener Sand besteht aus vermahlenem Rosenquarz. Wir können auch auf andere Weise dem Sand eine Farbe geben. Dafür besorgen wir entweder Farbpulver aus dem Bastelladen, um kräftige Sandfarben herzustellen, oder wir vermischen unseren Sand mit farbiger zerriebener Kreide. Die Kinder tauchen ihre Pinsel zunächst in Kleister, malen Kleistermuster auf ein dickeres Papier und lassen dann gefärbten Sand mit einem Löffel auf ihre Kleisterspuren rieseln. So entstehen viele bunte Sandbilder. Lose Sandkörner lassen sich problemlos wegblasen, und wenn der Kleister getrocknet ist, können wir die farbigen Sandbilder aufhängen.

Sandwellen

Bei Ebbe können wir auf großen Sandflächen die Rippelmarken erkennen; das sind Wellenfurchen, die der Wind mit dem abziehenden Meerwasser in gleichmäßigen Mustern in den Sand gemalt hat. Wir können diese schönen Sandwellen in einer runden Schüssel mit 10 bis 15 cm hohem Wasser selber hervorzaubern. Dazu lassen wir feinen Sand in die Wasserschüssel rieseln, bis der Boden gleichmäßig bedeckt ist, und legen in die Mitte der Schüssel einen Stein in den Sand. Wenn wir das Wasser nun um den Stein herum rühren (immer in einer Richtung rühren, ohne den Stein zu berühren), bilden sich nach einiger Zeit regelmäßige Sandwellen am Boden.

Sommerhitze

Wenn heiß die Sommersonne brennt

Hundstage

Mitte Juli beginnen die Hundstage. Das sind die besonders heißen Sommertage, an denen die Sonne so stark vom Himmel brennt, dass sich Menschen und Tiere vor allem um die Mittagszeit gerne im Schatten oder auch im kühlen Haus ausruhen. Die „Hundstage" haben ihren Namen aus der Sternenkunde, da ab dem 23. Juli der Stern Sirius aus dem Sternbild des Hundes täglich mit der Sonne aufgeht. In den Nächten zwischen Juli und August strahlt Sirius als hellster Stern über dem Sommernachthimmel. Eine alte Wetterregel sagt: Steigt der Hundsstern mit Gluthitze auf, endet er auch mit Sonnenfeuer.

Sonnenenergie

Die Sonne besteht aus glühenden Gasen und schickt jeden Tag 400 Billionen Kilowattstunden Energie zur Erde. Diese Sonnenenergie lässt sich vielfach zur Energiegewinnung nutzen. Solaranlagen zur Wassererwärmung oder zur Stromgewinnung im eigenen Haus sind bereits vielerorts in Gebrauch. Kinder kennen vielleicht Spielzeuge oder Taschenrechner, die von Solarzellen gespeist sind. Folgende Experimente lassen uns die wärmende Kraft der Sonne spüren:

- Wir legen verschiedene Materialien zur gleichen Zeit in die Sonne, z. B. Papier, Stein, Holz, Stoff, Plastik Metall, Wasser usw. Wie fühlt sich das Material an? Welches Material verändert sich in der Sonne?
- Wir sortieren die Gegenstände nach ihrer Fähigkeit, Sonnenwärme aufzunehmen und zu speichern. Wir erfühlen die Temperaturunterschiede mit den Händen oder halten sie an unsere wärmeempfindlichen Wangen. Welcher Gegenstand hat am meisten Sonnenenergie in sich gespeichert?

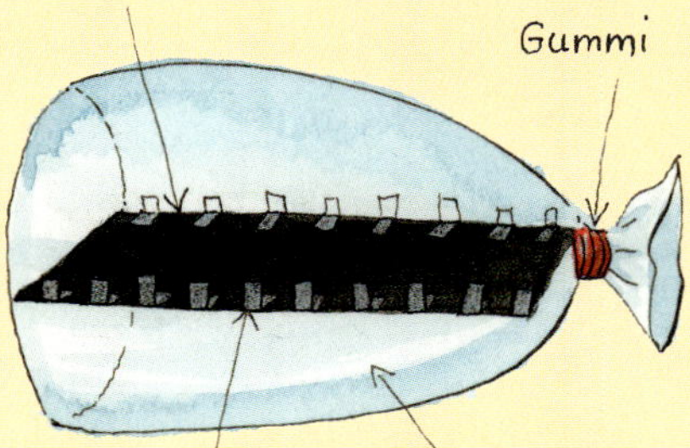

Fliegende Solartüte

Wir kleben ein großes Stück schwarzes Kohledurchschlagpapier in einer dünnen, durchsichtigen Plastikmülltüte mit Klebeband fest. Die Tüte wird mit Luft gefüllt und mit einem Gummi verschlossen. Dann legen wir die Tüte in die Sonne und können nach einer Weile einen unsichtbaren Zauber beobachten. Die Tüte erhebt sich plötzlich lautlos und schwebt davon.

Erklärung: Die Luft in der Tüte wird durch die Sonnenbestrahlung des schwarzen Kohlepapiers erhitzt. Jetzt ist die Luft in der Tüte wärmer als außen. Da warme Luft leichter ist als kalte Luft, kann die warme Tüte fliegen.

Wie die Schildbürger die Sonnenstrahlen einfangen wollten

Die Schildbürger hatten ein Rathaus gebaut. Als sie damit fertig waren, blieb es drinnen stockfinster, weil sie die Fenster vergessen hatten. Da keiner wusste, was zu tun war, berieten sie lange hin und her, bis einer auf eine Idee kam: „Liebe Mitbürger von Schilda. Wir sollten das Sonnenlicht in Säcken und Eimern ins Rathaus tragen und uns einen tüchtigen Sonnenvorrat anlegen, dann brauchen wir die Fenster nicht.“ Die anderen Schildbürger waren einverstanden, und zur Mittagszeit, als die Sonne am höchsten stand, kamen sie vor dem neuen Rathaus zusammen. Sobald die Glocke zwölf geschlagen hatte, fingen alle an zu arbeiten. Sie hatten große Säcke mitgebracht, die ließen sie voll Sonne scheinen, bis sie von oben bis unten mit Licht angefüllt waren. Sie rannten damit ins dunkle Rathaus und leerten sie aus. Andere machten es ebenso mit Töpfen, Kesseln und Tassen. Einer war so schlau, er lud die Sonnenstrahlen mit einer Heugabel auf einen Bollerwagen. Ein anderer schaufelte sie in einen Wäschekorb. Und ein ganz besonders listiger Schildbürger fing das Sonnenlicht in einer Mausefalle. So arbeiteten sie von Mittag bis Sonnenuntergang, bis sie vor Müdigkeit beinahe umfielen. Abends gingen sie in freudiger Erwartung in ihr Rathaus hinein und dachten, es müsste dort nun strahlend hell sein. Ach, wie enttäuscht waren sie, als es stockdunkel blieb. Traurig gingen sie nach Hause und verstanden ihr Pech nicht.

Volksschwank aus dem Lalebuch

Schildbürger

Die Schildbürgergeschichten stammen aus einer anonymen Sammlung aus dem 16. Jahrhundert und beschreiben in einem Narrenbuch (Lalebuch) die Streiche und Dummheiten der Bürger von Schilda, einer erfundenen Kleinstadt.

Sommergewitter

Wenn es blitzt und donnert

Es liegt was in der Luft

Bevor es im Sommer blitzt und donnert, können wir in der Natur am Verhalten von Pflanzen und Tieren und durch das Beobachten der Wolken schon früh erste Anzeichen eines nahenden Gewitters erkennen. Wenn aus zunächst schmalen Wolkenstreifen turmartige Wolkengebilde entstehen, die sich dunkel und stellenweise gelblich verfärben, ist mit einem Gewitter in absehbarer Zeit zu rechnen. Auch Pflanzen, die wegen der hohen Luftfeuchtigkeit ihre Hüllenblätter schließen, zeigen eine Wetterverschlechterung an. Mücken, Bienen und Wespen werden bei Gewitterluft lästig bis angriffslustig und Vögel hören plötzlich auf zu singen. Es herrscht Ruhe vor dem Sturm.

Wetterstation

Wir können mithilfe eines Fichtenzweiges, den wir an einem geschützten Ort im Freien aufhängen, eine Aussage über die Feuchtigkeit der Luft machen. Bei nahendem Gewitter und damit verbunden hoher Luftfeuchtigkeit richten sich die Astspitzen der Fichten nach oben. Bei trockenem Wetter bleiben sie nach unten gerichtet hängen.

Sommergewitter

Besonders im Sommer, wenn an drückend heißen Tagen viel feuchte Luft von der Erde zum Himmel steigt, baut sich ein Wolkenturm am Himmel auf, den die Fachleute als „Cumulonimbuswolke“ bezeichnen: Eine Gewitterwolke braut sich am Himmel zusammen. Sie wächst zusehends und sieht wie ein Amboss aus. Im Inneren der Gewitterwolke findet ein aufgeregtes Tanzen und Springen herabfallender und aufsteigender Wassertröpfchen statt. Sie erzeugen starke Luftbewegungen mit elektrischer Ladung, bis sich irgendwann Blitze am Himmel zeigen, die von einer Wolke zur anderen oder von der Gewitterwolke zur Erde springen. Blitze entladen sich mit einer Temperatur von über 30.000 °C und die Luft dehnt sich durch die Hitze des Blitzes explosionsartig aus – der Donner entsteht. Der Donner ist immer später zu hören, als wir den Blitz sehen, weil das Licht schneller ist als der Schall.

Verhalten bei Gewitter

- Bei Gewitter niemals baden oder sich auf Gewässern aufhalten.
- Kirch- und Aussichtstürme meiden.
- Am Waldrand besteht eine größere Gefahr als mitten im Wald.
- Auf freiem Feld sich in einer Erdmulde zusammenkauern, Füße eng geschlossen halten.
- Bester Blitzschutz besteht im völlig geschlossenen Auto.
- In Gebäuden ohne Blitzableiter in der Mitte des Raumes bleiben.

Bauernregeln

- Bei rotem Mond und hellem Stern sind Gewitter gar nicht fern.
- Ist die Spinne träg zum Fangen, Gewitter bald am Himmel hangen.
- Wenn heran Gewitter zieht, schnappt auf der Weid nach Luft das Vieh. Auch wenn‘s die Nase aufwärts streckt und in die Höh die Schwänze reckt.
- Kriecht die Spinne vom Netz ins Loch, gibt‘s bei Tage Gewitter noch.
- Nordwind, der im Juni weht, nicht im besten Rufe steht, kommt er an mit kühlem Guss, bald Gewitter folgen muss.

Spinnengewittergeschichte

Eine kleine Krabbelspinne
klettert auf des Burges Zinne.
Sie denkt: Hier oben ist es schön,
vieles kann ich mir ansehn:
Sonne, Mond und Sterne,
leuchten mir aus weiter Ferne.
Und am Himmel brummt ein Flieger,
durchs Gebüsch schleicht leis ein Tiger.
Doch, o Schreck, am Himmelsrand
naht ein schwarzes Wolkenband.
Oh, oh, oh, denkt sie geschwind.
Wenn gleich weht ein frischer Wind,
wird‘s bestimmt vom Himmel droben
regnen, blitzen und auch toben.
Unsre kleine Krabbelspinne
springt schnell von des Burges Zinne.
Krabbelt vom Gewitterschreck
in ihr sicheres Versteck.
Regina Bestle-Körfer

Fingerspiel

Wir stellen die Spinnengeschichte als Fingerspiel dar. Die ausgestreckte linke Hand ist die Burg mit den fünf Zinnen. Die rechte Hand mit allen fünf Fingern ist die kleine Krabbelspinne, die über den Arm bis hinauf auf die Spitze eines Fingers krabbelt. Sonne, Mond und Sterne aus der Ferne deuten wir an mit der rechten Hand, die an die Stirn gelegt wird; so schauen wir zum Himmel. Den brummenden Flieger stellen wir mit der fliegenden rechten Hand dar und den schleichenden Tiger, indem die rechte Hand über den Tisch schleicht. Die linke Hand bleibt als Burgzinne dabei immer ausgestreckt. Dann stellen wir den Wind dar, indem wir durch beide Hände blasen. Regen verdeutlichen wir mit klopfenden Fingerkuppen auf dem Tisch, einen Blitz malen wir mit dem Zeigerfinger als Zacken in die Luft und den Donner deuten wir an, indem wir einmal laut in die Hände klatschen. Das Ende der Spinnengeschichte spielen wir wie in der Anfangsposition. Die Spinne sitzt auf der Spitze der Burgzinne und krabbelt dann schnell hinab, um in der Handhöhle zu verschwinden.

Gewitterängste

Ein Gewitter gehört zu den Naturerscheinungen, die Kinder sehr beeindrucken und auch ängstigen können. Ausgehend von der Geschichte der kleinen Krabbelspinne, die sich vor Gewitter fürchtet, können wir mit Kindern über Gewitterängste sprechen. Um die eigenen Gewitterängste auszudrücken, spielen wir ein Gewitter auf Instrumenten: Trommeln eignen sich für den Donner; Becken, Triangel und Metallklangstäbe für den Blitz; mit kleinen Rasseln und mit den Fingerspitzen auf einem Tamburin trommelnd können wir prasselnden Regen darstellen.

Spielplatz unterm Blätterdach

Im Wald

Die Zeit des Herbstes ist besonders zu Beginn, im September und bis in den Oktober hinein, die Zeit des Draußenseins. Die letzten Sonnenstrahlen wärmen unsere Haut, machen gute Laune und Lust auf Bewegung. Wir können mit den Kindern die Zeit im Freien so richtig auskosten, bis die nahende und dunkle Jahreszeit uns Menschen in die Häuser drängt.

Fuchsbau

Im Wald sammelt jedes Kind Stöcke und legt um sich herum einen Kreis – das ist der Fuchsbau. Ein Fuchs bleibt heimatlos. Er geht im Wald umher und fragt die anderen Füchse: „Ist noch Platz in deinem Bau?" Die Kinder antworten: „Leider nein, mein Fuchsbau ist zu klein." Der heimatlose Fuchs darf plötzlich rufen: „Hilfe, der Wald brennt!" Alle Füchse verlassen ihren Bau und suchen sich einen neuen, auch der bisher heimatlose Fuchs.

Der blinde Maulwurf hat Geburtstag

Ein Kind ist der „blinde Maulwurf" und bekommt die Augen verbunden. Die anderen Kinder sind seine Freunde: Dachs, Maus, Fuchs, Eichhörnchen, Vogel usw. Sie bringen dem blinden Maulwurf ein Geburtstagsgeschenk, das er ertasten muss. Wenn er ein Geschenk (z. B. Zapfen, Kastanie, Blatt, Feder) erraten hat, ist ein anderes Kind der blinde Maulwurf.

Kobold Klaus

Wir türmen viele Blätter zu einem hohen Berg. Ein Kind versteckt sich im Blätterberg. Die anderen Kinder fassen sich an den Händen und stehen, in spannender Erwartung, um den Blätterhaufen herum. Sie rufen: „Kobold Klaus, komm heraus!" Das Koboldkind springt mit lautem Geschrei aus seinem Versteck hinaus und versucht ein Kind zu fangen. Jedes berührte Kind wird auch ein Kobold und steigt mit in den Blätterberg. In einer zweiten Runde fangen sie gemeinsam.
Variante: Jeweils das zuerst gefangene Kind ist der nächste Kobold im Blätterberg.

Das große Durcheinander

Ausgangspunkt für dieses Spiel ist ein gemeinsam hergestelltes Spielfeld. Auf einer Pappe werden zirka 40 bis 50 Felder aufgemalt und mit bunten Nummern versehen. Das Spiel wird mit mehreren Mannschaften gleichzeitig gespielt. Zu jeder Mannschaft sollten drei bis vier Mitspieler gehören. Pro Mannschaft werden eine Spielfigur (ein Stein, ein kleiner Tannenzapfen, ein Schneckenhaus, ein kleines Stück Holz, eine Eichel, eine Kastanie usw.) und ein großer Würfel benötigt.

In einem abgesteckten Gebiet werden Zettel oder große Blätter an Bäume und Sträucher geheftet. Jedes Blatt trägt eine Zahl auf der Vorderseite und ein Symbol auf der Rückseite. Den Symbolen sind bestimmte Aufgaben zugeordnet, die es zu erfüllen gilt. Solche Aufgaben können sein:

- Bringt fünf verschiedene Blätter mit!
- Bastelt einen kleinen Waldwichtel!
- Sucht zwei verschiedene Moossorten!
- Sucht ein Stück Rinde!
- Legt aus gesammelten Tannenzapfen einen Baum auf den Boden!
- Nennt fünf Bäume unseres Waldes!
- Sammelt drei verschiedene Herbstfrüchte!
- Macht einen Hürdenlauf über acht Stöcke!
- Nennt fünf Tiere, die im Wald leben!
- Erratet mit geschlossenen Augen diese Geräusche (z. B. raschelndes Laub, Klopfen an einen Baumstamm, Aneinanderreiben von Steinen)!
- Hüpft auf einem Bein und singt das Lied „Ein Männlein steht im Walde!"
- Balanciert rückwärts über einen Baumstamm!
- Sucht etwas Hartes und etwas Weiches!

Nacheinander würfeln die Mannschaften. Entsprechend der Würfelaugen rücken sie auf dem Spielplan vorwärts. Hat eine Mannschaft z. B. eine Fünf gewürfelt, rückt sie mit ihrer Spielfigur auf das Feld mit der Fünf. Dann rennen alle Mitspieler gemeinsam los, um den Zettel mit der Fünf zu suchen und sich das Symbol auf der Rückseite des Zettels zu merken. Ist das Symbol erkannt, muss sich die Mannschaft gemeinsam beim Spielleiter oder seinem Assistenten einfinden. Dort bekommt sie ihre Aufgabe gestellt. Wird die Aufgabe erfüllt, rennt die Mannschaft zum Spielplan, würfelt und erhält so ihre neue Zahl und ihre neue Aufgabe. Die Mannschaft, die zuerst am Ende des Spielplanes angekommen ist, hat gewonnen.

Zu beachten ist für den Spielleiter und seine Helfer, dass eine Aufgabe immer nur dann gestellt werden darf, wenn sich alle Mitspieler einer Mannschaft eingefunden haben.

Waldkindergarten

In Dänemark gibt es den Waldkindergarten schon lange als pädagogisch erprobtes Modell. Kinder verbringen ihre Kindergartenzeit unter freiem Himmel. Auch in Deutschland hat sich der Waldkindergarten, als feste Einrichtung ohne Haus, herumgesprochen. Aber nicht nur in dieser festen Form eines pädagogisch-ganzheitlichen Konzeptes wird er hierzulande praktiziert, sondern zunehmend als Projekt. Die Erzieherinnen planen zwei bis drei Wochen im Jahr, in denen sie den ganzen Vormittag mit den Kindern im Wald verbringen.

Von mir zu dir

Blättersinfonien

Blattgeschenke und Blätterpäckchen

Es ist immer etwas Besonderes, ein Geschenk zu bekommen, gerade wenn wir nicht Geburtstag haben oder sonst ein Fest feiern. Wem würdet ihr gerne ein Blätterpäckchen schenken? In der Natur finden sich viele schöne und geheimnisvolle Dinge, die wir anderen zum Geschenk machen können: ein besonders schöner Stein, eine glatte glänzende Kastanie, ein Schneckenhäuschen, eine Feder, ein Tannenzapfen, eine ausgefallenen Frucht und vieles mehr. Mit großen, biegsamen Blättern lassen sich unsere Fundstücke liebevoll verpacken. Wir legen die Blätter um oder über unser Geschenk und binden sie mit Halmen oder Grasstengeln zusammen.

Blätterbriefe

Auch hierfür suchen wir uns ein schönes Blatt aus, das unser Briefpapier oder unsere Postkarte werden soll. Mit selbst hergestellter Erdfarbe (siehe Kapitel 3) bemalen oder beschreiben wir das Blatt. Kleinere Blätter werden zu Briefmarken, die wir mit Wasser oder etwas Kleister ankleben. Fertig ist die Blätterpost! Wir können die Briefe in einen „Briefkasten“ stecken. Ein Kind spielt dann den Briefträger, der die Post verteilen darf. Wir können die Briefe aber auch an einen Baum schicken und sie mit dünnen Fäden versehen in seine Äste hängen.

Blätterkränze und Blätterkronen

Wenn wir mit wachen Sinnen durch den Herbst gehen, durch die Straßen, Gärten, Parks oder durch den Wald streifen, werden uns überall viele wundersame und interessante Dinge begegnen, die uns ihre eigene Geschichte erzählen möchten: Blätter, die uns am Baum an einem heißen Sommertag Schatten spendeten, Wurzeln und Wurzelstücke, an denen vielleicht die Wurzelzwerge gearbeitet haben, Federn, die streitlustige Vögel verloren, Beeren, die vom Wind oder durch Vögel von den Sträuchern und Hecken gerupft wurden, Tannenzapfen und Nüsse, die ein Eichhörnchen beim Sammeln verlor, Äste, die der Wind von den Bäumen geschüttelt hat, Moos, das im feuchten Waldboden gewachsen ist.
All unsere Fundsachen fädeln wir auf einen Draht, biegen ihn zu einem Ring und verschließen ihn mit Hilfe einer Zange. Mit den Kränzen schmücken wir unsere Räume oder uns selbst.

Blätter-Früchte-Musik

Das Fallen der Blätter und Früchte ist mit Geräuschen verbunden. Mit einfachen Rhythmusinstrumenten können wir uns diese Klänge vergegenwärtigen. Zuvor überlegen wir gemeinsam, auf welche Weise die Blätter von den Bäumen fallen, ob laut oder leise, gerade nach unten oder tanzend im

Kreis, alleine oder in einer Blätterwolke. Zuvor können wir uns auch an einem trockenen und nicht zu kühlen Herbsttag draußen auf die Musik der Blätter und Früchte einstimmen: Die Kinder legen sich unter einen Baum, schauen in die Krone und beobachten und lauschen, was geschieht, wenn sich ein Blatt oder eine Frucht vom Baum löst.
Drinnen breiten wir dann auf einem Tisch oder einer Decke verschiedene Instrumente aus: Rasseln, Glöckchen, ein Glockenspiel, Klanghölzer, Triangeln, Handtrommeln usw. Jedes Kind wählt ein Instrument aus und versucht mit seiner Musik zu beschreiben, wie die Blätter fallen. Die anderen Kinder lauschen – vielleicht auch mit geschlossenen Augen – und versuchen zu erraten, wie das Blatt oder die Frucht vom Baum gefallen ist. Zum Schluss lassen alle Kinder gemeinsam ihre Blätter- und Früchtemusik ertönen. Ein Kind spielt den Konzertmeister und dirigiert die Blätter-Früchte-Sinfonie in Herbst-Dur!

Laubrascheln und Blätterregen

- Wir füllen Kisten und Körbe mit trockenem Herbstlaub und stellen diese zum Spielen und Experimentieren bereit.
- Wir werfen Arme voller Laub in die Höhe und lassen uns berieseln und beregnen.
- Wir legen uns auf den Boden und decken uns gegenseitig mit einer Schicht aus Laub zu.
- Wir suchen uns eine Blätterkuhle oder richten uns in einem Blätterhaufen ein gemütliches Bett her.
- Wir füllen einen Kriechtunnel mit Herbstlaub und lassen die Blätter darin hin- und herrutschen.
- Wir lassen Blätter die Rutschbahn hinuntersausen und versuchen hinterherzurutschen.
- Wir lassen Blätter auf einer Plastikplane oder einem Schwungtuch auf- und niederwirbeln.

Nadel-Kissen

Nicht nur Laubbäume verlieren ihre Blätter, es gibt auch einen Nadelbaum, der im Herbst alle seine Nadeln abwirft: die Lärche. Wie ein feiner Regen oder sanft wie Schneeflocken im Winter schweben ihre grün-gelben Nadeln im Wind zu Boden. Jeder Baum hat Unmengen von feinen Nadeln, die zusammengefegt einen riesigen Berg ergeben würden. In großen Pappkartons sammeln wir viele Lärchennadeln. In ihnen kann man sich herrlich verstecken, mit ihnen kann man spielen, sie im Wind fliegen lassen und Muster mit ihnen streuen.
Wir können sie auch drinnen in transparente Plastiktüten füllen, die am besten zugeschweißt werden, damit die Nadeln an Ort und Stelle bleiben. Diese Nadelkissen können wir uns zuwerfen, sie auf einem Schwungtuch hoch in die Luft wirbeln oder sie auf unseren Händen oder Köpfen balancieren.

Ausflüge ins Reich der Phantasie

Ein Blatt fällt ab

Das bewusste Erleben von Stille und Ausflüge ins Reich der Phantasie sind zu kostbaren Erfahrungen geworden, denen wir in unserer lauten und hektischen Welt nur selten Raum geben. Auch Kindern fällt es zunehmend schwer, still zu werden, bei einer Sache zu bleiben, bei sich selbst zu sein und sich der Welt der Träume und Phantasie hinzugeben. Doch Stille ist notwendig, um besser zu hören, genauer zu sehen und intensiver zu empfinden. Stille öffnet uns für die unscheinbaren und leisen Dinge in unserer Umgebung. Und sie öffnet uns auch für andere Menschen. Gerade das sinnliche Erfahren der Natur in den Jahreszeiten schafft einen vielseitigen und farbigen Nährboden, um Kinder zum Stillwerden und Staunen einzuladen.

Warum werden die Blätter bunt?

Wenn die Blätter sich langsam verfärben und in den buntesten Farben zu leuchten anfangen, wird der Beginn des Herbstes sichtbar. Im Frühjahr und Sommer hat das Blattgrün in den Blättern mit Hilfe der Luft und des Lichtes Mineralstoffe aus dem Boden aufgenommen und in Nahrung umgewandelt. Im Herbst baut sich das Blattgrün ab und alle Nährstoffe, die ein Baum zum Leben braucht, wandern in die Äste und in den Stamm. Erst jetzt können die Farben einiger anderer Blattfarbstoffe sichtbar werden. In leuchtendem Rot zeigen sich dann z. B. Ahorn und Buchen, gelb schimmern Weiden, Pappeln, Ulmen, Espen und Kastanien, in einem warmen Bronzeton leuchten Linden. Birken und Eichen sind in ein helles Gold getaucht. Manche Blätter schimmern in verschiedenen Farben gleichzeitig und sehen dabei aus wie kunterbuntes Konfetti.

Warum fallen die Blätter von den Bäumen?

Ist der grüne Blattfarbstoff vollständig abgebaut, bildet sich dort, wo das Blatt am Ast sitzt, eine hauchdünne Schicht. Die Wasserzuleitungen in das Blatt werden verschlossen. Dadurch hängt das Blatt bald nur noch locker am Geäst. Beim nächsten Windstoß kann es sich nicht mehr halten und wird losgerissen. Wo es einmal wuchs, bleibt eine Narbe zurück; doch gleich über dieser Narbe werden schon neue Knospen vorbereitet.

Eine Phantasiereise

Phantasiereisen und Entspannungsübungen bedürfen einer ruhigen und angenehmen Atmosphäre. Manche Kinder werden eine Weile brauchen, bis sie sich auf Ruhe und Stille einlassen können. Leise, meditative Musik kann dabei zu Beginn helfen.

Stell dir vor, du bist ein Blatt,
ein wunderbar gezacktes Blatt an einem Ahorn-Baum.
Der Baum steht als einzelner Baum auf einer kleinen Anhöhe, rundherum sind Wiesen und goldgelbe Stoppelfelder.
Du bist ein Blatt von vielen.
Du hängst ganz oben in der mächtigen Krone des Baumes.
Neben dir hängen noch viele andere Blätter, kleine und große.
Mit Zauberfarbe hat der Herbst sie alle angemalt.
Seinen Pinsel hat er dabei in leuchtendes Rot, Gelb, Orange und Braun getaucht.
Dir hat er ein rotes Kleid angezogen.
Das sieht wunderschön aus im hellen Sonnenlicht unter dem leuchtend blauen Himmel!
Ein leichter Wind streicht durch die Äste, zärtlich und leise. Du berührst ganz leicht ein Blatt neben dir. Ein leises Wispern und Rascheln kannst du hören. Plötzlich hüpft ein Eichhörnchen durch die Äste, sein buschiger rotbrauner, weicher Schwanz kitzelt dich ein wenig. Und schon ist es wieder verschwunden. Der Wind wird übermütig. Er saust durch den Baum, als würde er gejagt. Neben dir reißt er andere rote, gelbe, orangene und braune Blätter von den Zweigen und wirbelt sie durch die Luft.
Du kannst dich noch halten. Doch was ist jetzt?
Es wird noch stürmischer. Der Wind rüttelt dich hin und her, hin und her – ohne aufzuhören. Du musst loslassen, dem Wind nachgeben. Eine kräftige Böe packt dich und reißt dich mit.
Du wirbelst im Wind, auf und ab, einmal linksherum, einmal rechtsherum und dann rundherum im Kreis. Zuerst bist du ganz erschrocken, fürchtest dich vor dem Hin und Her. Doch dann macht es dir Spaß, das Wirbeln und Schaukeln, das Kreiseln und Drehen. Es ist ein wilder, ausgelassener Tanz. Immer neu wirbelt dich der Wind nach oben und lässt dich dann los. Du genießt diesen Tanz. Du lässt dich treiben, lässt dich fallen.
Allmählich geht dem Wind die Puste aus. Das Wirbeln und Schaukeln lässt nach und du beginnst zu schweben. Leise und leicht wie eine Feder schwebst du zu Boden.
Im Hinunterschweben schaust du dich um, siehst den Himmel, die goldenen Sonnenstrahlen, die Wiesen und Felder.
Behutsam und weich landest du auf dem Boden.
Du bleibst liegen, zusammen mit vielen anderen Blättern.
Wie ein großer Teppich habt ihr euch unter dem Baum ausgebreitet, ihr liegt still und könnt euch ausruhen.

Annemarie Stollenwerk

Ausgereift

Die Schätze des Herbstes

Erde, die uns dies gebracht,
Sonne, die es reif gemacht.
Liebe Sonne, liebe Erde,
euer nie vergessen werde.
Christian Morgenstern

Herbstzeit ist Erntezeit – die Erde schenkt uns reife Früchte und Gemüse. Einige können wir selbst pflücken oder vom Baum schütteln. Andere werden aus der Erde gehoben. Es sind Schätze der Erde, die wir ernten. Wenn wir sie einkellern, kühl lagern, einkochen und trocknen, machen wir sie haltbar. Die Menschen haben gelernt, die einst kargen Winterzeiten mithilfe solcher Methoden zu überstehen. Es ist schwer, sich dieses Bewusstsein zu erhalten, wenn wir auch im Winter eine üppige Auswahl an Früchten und Gemüsen aus anderen Teilen der Welt kaufen können.

Mit Kindern schnippeln und schälen

Wir stellen jeden Tag im Herbst einen Korb mit einer heimischen Frucht oder einem Gemüse auf den Tisch. Die Kinder können die Frucht benennen, befühlen und riechen. Gemeinsam schälen, schnippeln und essen wir die Frucht. Sobald Kinder ihr Essen selbst zubereiten dürfen, wenn sie es in den Händen halten und es selbst waschen und schnippeln, macht es auch Spaß, Gesundes zu probieren. Kinder werden selbst Geschnippeltes, Gekochtes und Gebackenes mit Vorfreude auf das Essen, die bei der Zubereitung über den Geruch und die Farbe des Nahrungsmittels entsteht, genießen. Wir spüren diese Vorfreude, wenn uns das „Wasser im Munde zusammenläuft“ und uns auf ein sinnliches Essen vorbereitet. Das Hantieren mit einem Schäl- oder Küchenmesser ist eine wichtige Übung, um die Eigentätigkeit und Selbstsicherheit von Kindern zu fördern.

Müesli selbstgemacht

Müesli kennen sicher einige Kinder, aber meist sind es die Müesli-Mischungen, die man kaufen kann.

Wir wollen mit Kindern ein Müesli herstellen, von dem wir jede einzelne Zutat auf ihren Ursprungszustand zurückverfolgen können. Dazu gehört es, den Hafer zunächst als Korn zu betrachten, sich eine Flockenmaschine (im Bioladen) auszuleihen und selbst Haferflocken herzustellen. Wir ernten Sonnenblumenkerne aus einer verblühten Sonnenblume, öffnen die Schalen mit den Fingern, freuen uns auf die schmackhaften Samen. Einige Kerne halten wir zurück, um sie mit den Vögeln im Winter zu teilen. Es werden Nüsse geknackt, die auch in ein Müesli gehören. Wir waschen frisches Obst, schälen und schnippeln es. So stellt sich jedes Kind sein eigenes schmackhaftes Müesli zusammen.

Mitmach-Frühstück

Ein regelmäßiges Mitmach-Frühstück mit Kindern kann eine Antwort auf schlechte Essgewohnheiten sein. Kinder lieben es, Brot und Brötchen zu backen, Hefeteig zu kneten und zu formen. Sie lieben den himmlischen Backstubengeruch während des Backens und die freudige Erwartung auf das Backergebnis. Stellen Sie mit den Kindern für ihr Mitmach-Frühstück Teller mit geschnippelter Rohkost (Möhren, Gurken, Paprika, Kohlrabi usw.), geschnippeltem Obst (Äpfel, Birnen, Mandarinen, Trauben, Bananen usw.) sowie Käsewürfeln mit Mandarinen und Wurstscheiben bereit. Dazu Schüsseln mit Haferflocken, Sonnenblumenkernen, Rosinen und Nüssen. Die gemeinsame Zubereitung, der reich gedeckte Tisch, die gemeinsame Essenssituation, die vielfältigen Auswahlmöglichkeiten für jedes Kind machen das Mitmach-Frühstück zu einem sinnlichen Erlebnis. Die Lust, Neues in Gemeinschaft zu probieren, wird geweckt.

Wochenmarkt

Auf dem Wochenmarkt können wir sehen, riechen und schmecken, welche Schätze die Erde zu jeder Jahreszeit hervorbringt. Im September füllen wir unsere Einkaufskörbe mit Karotten, Mais, Kürbis, Roten Beeten, Pilzen, Maronen. Es gibt Brombeeren, Heidelbeeren, Holunder, aber auch Äpfel, Birnen und Quitten zu kaufen. Im Oktober werden bereits die ersten Wintergemüse, wie Weißkohl, Rotkohl, Sellerie, Lauch, Karotten und Rote Beete angeboten. Im November können wir Rosenkohl, Chicorée, Schwarzwurzeln, Sellerie, Lauch, Rot- und Weißkohl sowie Karotten aus heimischem Anbau kaufen. Wenn wir mit den Kindern einen bäuerlichen Wochenmarkt oder direkt einen Bauernhof mit Verkauf besuchen, lernen wir heimisches Gemüse kennen.

Fallobst-Spiel

Es werden zwei gleich große Kindergruppen gebildet. Die Kinder einer Mannschaft sind Äpfel, die anderen Birnen. Beide Gruppen stehen sich gegenüber. Wir stellen uns vor, dass alle Äpfel und Birnen zu Beginn des Spiels am Baum hängen. Das stellen die Kinder dar, indem sie stehen. In der Mitte befindet sich ein großer Schaumstoffwürfel. Abwechselnd wird gewürfelt. Fällt die Zahl Sechs, plumpst ein Apfelkind vom Baum, das Kind lässt sich auf den Boden fallen. Würfelt ein Kind eine Eins, fällt eine Birne herunter, das Birnenkind lässt sich auf den Boden plumpsen. Würfelt ein Apfelkind eine Eins und ein Birnenkind eine Sechs, darf sich jeweils ein Kind aus der anderen Gruppe auf den Boden fallen lassen. Die Gruppe, deren Fallobst zuerst komplett auf dem Boden liegt, hat gewonnen.

Raffiniert verpackt

Samen und Früchte

Die Natur ist ein Verpackungskünstler. Im Herbst, wenn Früchte und Samen reif sind und zu Boden fallen, begegnen wir einer Fülle von raffiniert eingepackten Samen und Früchten. Viele der Früchte öffnen sich schon beim Fallen und geben ihren Samen frei. Die Samen gelangen ins Erdreich oder werden vom Wind an einen weit entfernten Ort getragen. Dort beginnen sie zu keimen (z. B. Tannenzapfen, Erlenzapfen). Andere Früchte, wie Eicheln, Kastanien, Bucheckern oder Nüsse, werden von Vögeln und Kleinsäugetieren gesammelt und als Wintervorrat vergraben. Zum Glück erinnern sich die Tiere nicht an all ihre Verstecke, sodass die Früchte im Verborgenen keimen können und neue Pflanzen aus ihnen entstehen. Beeren, wie Holunder, Sanddorn oder Hagebutten, werden von den Vögeln gefressen. Die Beeren der Wildsträucher ziehen viele Vogelarten an. So lockt die Vogelbeere 63 Vogelarten, der rote Holunder 48, Weißdorn 32 und Pfaffenhütchen 24 Arten an. Die in den Beeren enthaltenen unverdaulichen Samen gelangen mit dem Kot der Tiere wieder ins Erdreich.

Früchtesammelsurium

Mit Körben und Beuteln gehen wir hinaus und sammeln Früchte und Samen. Einige sind noch in ihrer Hülle oder Schale verborgen, andere schon aufgeplatzt und lose. Wir sammeln alle auf. Auf einer Wiese oder einem anderen schönen Platz schütten wir alle Früchte aus. Welche kennen wir? Wo sind die Samen versteckt? Wir ordnen und sortieren unser Früchtesammelsurium.

Die Früchte von Buche, Kastanie, Esskastanie und Baumhasel sind in einer pieksigen Schale verborgen, die mit weichen oder harten Stacheln besetzt ist. Mit einer Lupe schauen wir uns die Stacheln genauer an und befühlen sie behutsam. Dann öffnen wir vorsichtig die Hülle, lösen die Frucht heraus, betrachten, beschnuppern und befühlen sie. Wir werden staunen, wie glatt sie ist, wie sie schimmert und glänzt. Wir knacken die harte Schale und wer mag, kann kosten, was die Natur so aufwändig und raffiniert eingepackt hat.

Es ist angerichtet: Futtergirlanden

Vögel und kleine Säugetiere finden im Herbst ein wahres Schlaraffenland an Nahrung. So präsentiert etwa die Sonnenblume ihre Kerne wie auf einem Tablett, an dem sich die Vögel nur noch bedienen müssen. Beeren von Sanddorn, Eberesche und

Hagebutten leuchten rot und einladend und warten nur darauf geerntet zu werden. Aus dem reichhaltigen Angebot wählen wir Hagebutten, Bucheckern, Sonnenblumen-, Walnuss- und Haselnusskerne. Wir fädeln sie mit einer Nadel zu langen Ketten auf. Wenn der Frost kommt und es für die Tiere immer schwieriger wird, draußen Futter zu finden, hängen wir unsere Futtergirlanden zwischen Bäumen und Sträuchern auf.

Schalenabdrücke

Mit den stacheligen Schalen der verschiedenen Früchte, mit Zapfen, Eicheln, Nüssen und Kastanien lassen sich in erdfarbenem Ton schöne Muster und Abdrücke herstellen. Dazu wird der Ton zu etwa 5 cm dicken Platten ausgerollt. Darauf drücken wir Schalen und Früchte und ziehen sie dann vorsichtig wieder heraus. Zum Verzieren bohren wir an den unteren Rand der Platte mehrere Löcher. In diese Löcher können wir später Girlanden aus sehr feinem Blumendraht und den verwendeten Früchten und Schalen fädeln. Die Tonplatten müssen nicht gebrannt werden, da wir sie nur als Schmuckgegenstand verwenden.

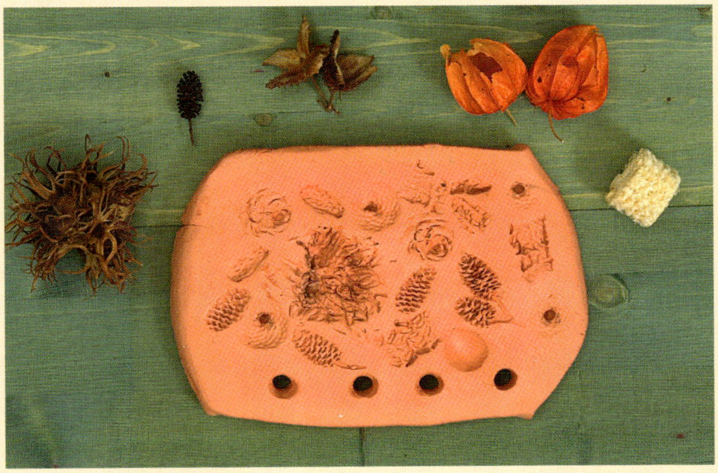

Fruchtiges Getöse

Wir lassen Früchte mit und ohne Schale aus unterschiedlicher Höhe auf den Boden, in Schüsseln und Wannen aus Plastik, Metall, Holz oder Glas fallen. Wir lauschen den Tönen, die entstehen: laute und leise, unangenehme und sanfte. Welche Töne passen gut zusammen? Was ist unsere persönliche Lieblingsmusik? Könnt ihr euch vorstellen, wie es klingen müsste, wenn alle Samen und Früchte, die im Herbst reif werden, gleichzeitig zu Boden fallen würden?

Hamstern

In einem vorher abgesprochenen Spielfeld verbergen sich viele verschiedene Herbstfrüchte. Auf ein Startsignal laufen zwei Kinder gemeinsam los und versuchen, innerhalb von zwei Minuten möglichst viele Früchte in einem Körbchen als Wintervorrat zu hamstern.

Früchte-Slalom-Transport

Für dieses Spiel benötigen wir zwei Astgabeln und zwei große Blätter, dazu viele Kastanienschalen und Tannenzapfen. Die Tannenzapfen legen wir auf den Boden, sie sind unsere Slalom-Tore. Gespielt wird in zwei Mannschaften. Auf ein Kommando werden die Kastanienhülle oder ein Tannenzapfen auf die Astgabel gelegt und über den Slalom-Parcours zu einer vereinbarten Wendemarke und wieder zurück getragen. In einer zweiten Runde spielen immer zwei Kinder gemeinsam. Sie nehmen das große Blatt wie ein Tablett in die Hände, legen die Kastanienschale darauf und balancieren diese gemeinsam über den Parcours.

Süße saftige Früchtchen

Trauben

Blaue Trauben, grüne Trauben
sind so dick und rund.
Platzen wie ein Knallbonbon
süß in meinem Mund.
Annemarie Stollenwerk

Kost-Bar

Weintrauben sind bei Kindern sehr beliebt. Sie schmecken süß und saftig und werden gern auch einmal zwischendurch genascht. Wir kaufen verschiedene Sorten Trauben ein und probieren sie: große und kleine, kernlose und solche mit Kernen, blaue und grüne. Welche ist unsere Lieblingstraube? Wir pressen blaue und grüne Trauben zu Saft. Dazu können wir die Trauben in einer Schüssel mit einem Kartoffelstampfer ausdrücken und mit einem feinen Sieb Schalen und Kerne vom Saft trennen. Zunächst kosten wir den Saft mit offenen Augen. Schmecken weißer und blauer Traubensaft unterschiedlich? Anschließend versuchen wir mit verbundenen Augen herauszufinden, welches der blaue und welches der weiße Saft ist.

Färben und Malen mit Traubensaft

Die ausgedrückten Schalen der blauen Trauben können wir gut zum Malen und Drucken verwenden. Wir legen weißes Papier oder weiße Postkarten bereit, tauchen Wattestäbchen oder kleine Wattebäusche in die Schüssel und drucken, tupfen oder wischen mit dem Saft, der sich noch in den Schalen befindet, über das Papier. So lassen wir Muster und Phantasiebilder entstehen.

Traubensaft-Gelee

Aus weißem oder blauem Traubensaft kochen wir leckeres Gelee. Dazu benötigen wir: einen Liter Traubensaft (selbst gepresst oder aus der Flasche), 1 kg Gelierzucker und den Saft einer Zitrone. In einem Topf verrühren wir den Saft mit dem Zucker und lassen die Flüssigkeit aufkochen. Vier Minuten lassen wir den Saft sprudelnd kochen, nehmen den Topf vom Herd und geben den Zitronensaft hinzu. Alles lassen wir nochmals kurz aufkochen und füllen das Gelee in Schraubgläser. Zum Auskühlen stellen wir die verschlossenen Gläser auf den Kopf.

Trauben-Lese

Aus blauer oder grüner Märchenwolle rollen wir kleine Kugeln, die unsere Trauben darstellen sollen. Auf einem rauen Stück Jute oder Rupfen bilden wir mit echten oder gemalten und ausgeschnittenen Weinblättern und Stöckchen mehrere Rebstöcke nach, an denen wir unsere gerollten Trauben befestigen. Auf dem rauen Untergrund haftet die Märchenwolle von alleine. Aus Tonpapier schneiden wir freche Spatzen aus und legen sie zusammen mit einem Bogen Papier, auf den wir einen Rebzweig gemalt haben, neben das Spielfeld. Dann würfeln wir reihum mit einem Farbenwürfel. Bei Blau dürfen wir eine Traube ernten und in einen bereitgestellten Korb legen. Bei Gelb ist die Sonne auf unserer Seite und wir können zwei Trauben ernten. Bei Rot kommen freche Spatzen und picken die Trauben von den Reben. Sitzen alle Spatzen auf den Reben, haben wir verloren. Sind sämtliche Trauben abgeerntet, haben wir gewonnen.

Schrumpelige Weintrauben: Rosinen

Rosinen kennt und mag fast jedes Kind. Wir legen kernlose Weintrauben und Rosinen nebeneinander und vergleichen sie. Wie sehen sie aus? Gibt es im Geschmack einen Unterschied? Wir weichen Rosinen eine Stunde in lauwarmem Wasser ein und schauen, wie sie sich verändern. Was passiert mit ihnen? Wie schmecken sie jetzt? Wie schmeckt das Wasser, in dem sie gelegen haben?

Prinz Traubenblau und Prinzessin Traubengrün geben sich die Ehre

Zur Zeit der Traubenlese wird in vielen Weinbauregionen eine Weinkönigin gewählt. Wir wählen aus den Reihen der Kinder Prinz Traubenblau und Prinzessin Traubengrün aus. Alle Kinder, die Freude daran haben, dürfen für einen Tag Prinz oder Prinzessin sein und ihre Untertanen um sich scharen. Echte Königskinder benötigen ein festliches Kleid, das wir aus grünem und blauem Krepppapier oder aus Stoffresten schnell gestaltet haben. Für die Krone schließen wir ein Stück Blumendraht zu einem Ring und umwickeln ihn mit Weinlaub oder mit Efeuranken. Trauben entstehen aus gerollter Märchenwolle oder Krepp- und Seidenpapier, das wir zu Kugeln zusammenknüllen.

Wichtigstes Utensil werden besondere Stühle, auf denen Prinz und Prinzessin Platz nehmen. Aus nicht mehr benötigten alten Kindergartenstühlen basteln wir einen Thron. Mit Zeitungen und Kleister bekleben wir die Stühle in mehreren Lagen und modellieren aus dem feuchten Pappmaschee geschwungene Stuhlbeine oder Armlehnen. In die noch feuchte Papiermasse können auch Glasnuggets als „Edelsteine“, Weinlaub und anderer passender Schmuck eingearbeitet werden. Ist alles getrocknet, werden die Stühle bemalt, mit Goldfarbe betupft und

mit Sprühlack lackiert. Die Kinder überlegen nun, wie sie Prinz Traubenblau und Prinzessin Traubengrün bedienen und verwöhnen können. So können sie zum Beispiel eine Frühstückstafel decken, Traubensaft einschenken, Ketten aus aufgefädelten Trauben überreichen, ein Lied vorspielen oder singen, tanzen und vorlesen.

Material für den Thron: Alte, nicht mehr benötigte Kinderstühle, Zeitung, Kleister, Dekorationsmaterial wie Glassteine, Weinlaub, Perlen etc., Farbe, Sprühlack

Buddeln beim Bauern

Ein Ernteprojekt

Die Zeiten, in denen Kinder schulfrei bekamen, um den Bauern bei der Kartoffelernte zu helfen, sind vorbei. Eigentlich schade, denn so lernen die Kinder an diesem Tag zwar lesen, schreiben und rechnen, aber es gehen ihnen auch wertvolle sinnliche Erfahrungen beim Buddeln, Graben und Ernten verloren. Wir können Kindern dieses Ernteerlebnis ermöglichen, indem wir einen Bauern aufsuchen und ihn bitten, unser Ernte-Projekt zu unterstützen. Stellt uns der Bauer ein Stück Kartoffel- oder Möhrenfeld zur Verfügung, das wir mit den Kindern beackern können?

Mit Eimern, Holzkisten, Grabegabel, Spaten, Rechen geht es auf den Acker. Das Buddeln und Wühlen kann beginnen.

Es gibt eine freudige Überraschung bei Zwillingsfindlingen, die Kinder besonders lustig finden. Wir sortieren Kartoffeln und Möhren nach ihrer Größe. Wir zählen, wie viele Kartoffeln von einem Strauch geerntet werden. Wir machen vielleicht Bekanntschaft mit Regenwürmern und Käfern, die Kinder in ihrem Buddelfieber kurz innehalten lassen und neue Fragen und Antworten herausfordern.

Bitte nicht waschen!

Wer hat die schmutzigsten Hände? Nachdem wir in der Erde gebuddelt und gegraben haben, können wir mit unseren Händen, in Verbindung mit Wasser, schöne Erdebilder malen. Dazu breiten wir auf dem Acker eine große Packpapierfläche, Jute oder Kartoffelsäcke aus, welche die Kinder mit ihren Händen direkt bedrucken oder bemalen können. Mit geernteten Kartoffeln und Möhren belegt, entsteht eine Erntecollage mit Erdespuren. Als Kreisbild gelegt, bestaunen wir ein beschauliches Ernte-Mandala.

Wie lebt die Kartoffel?

Wir wollen uns einen Einblick in das Leben der Kartoffel unter der Erde verschaffen. Dazu benötigen wir eine große durchsichtige Plastiktüte oder einen durchsichtigen Eimer. Wir heben eine Kartoffelpflanze mit vielen Knollen und ihrem Kartoffellaub aus der Erde und füllen sie in den durchsichtigen Eimer oder die Tüte. Wir überlegen gemeinsam mit den Kindern: In welcher Nachbarschaft lebt die Kartoffel? Von wem bekommt sie unter der Erde Besuch? Welche Tiere haben wir beim Buddeln in der Erde entdeckt?

Hinein geschmuggelt

Wenn wir Kartoffeln betrachten und befühlen, sehen wir, wie unterschiedlich und einzigartig sie alle gewachsen sind. Doch mit verbundenen Augen fühlen sich die meisten Kartoffeln gleich an. Oder etwa doch nicht? In einen verschlossenen Kartoffelsack haben wir eine Kartoffel geschmuggelt, die sich nicht kartoffelig anfühlt. Jedes Kind darf diese Kartoffel aus dem Sack heraus ertasten. Diese Extra-Kartoffel haben wir vorher in ein Kohl- oder Salatblatt eingewickelt und mit einem Bindfaden befestigt.

Erntespiel:

Dieses Erntespiel ist geeignet für große Gruppen, die wir mit den Eltern als Gäste sehr schnell erreichen. Die Spielleitung klebt jedem Mitspieler eine gemalte Frucht oder ein Gemüse auf den Rücken. Dabei sind von jeder Sorte mehrere Exemplare vertreten. Auf ein Kommando versuchen sich alle Obst- und Gemüsesorten zu finden, indem sie sich gegenseitig auf die Rücken schauen, bei gleichem Symbol an die Hand nehmen und zusammen weiter suchen. Sobald sich die einzelnen Obst- und Gemüsegruppen vollständig gefunden haben, laufen sie zu einem Korb mit ihrem Symbol. Die Gruppe, die zuerst komplett ist und um ihren Korb herum sitzt, hat das Erntespiel gewonnen.

Kartoffel-Herbst-Feuer

Einen schönen und für die Kinder aufregenden Höhepunkt unseres Ernte-Projektes erleben wir, wenn der Bauer uns erlaubt, am Abend auf seinem Kartoffelacker ein Herbstfeuer anzuzünden. Dazu laden wir Eltern, Kinder, Omas und Opas und natürlich den freundlichen Bauern ein. Wir sitzen auf Strohballen, singen lustige Lieder, backen Stockbrot in der Glut des Herbstfeuers und rösten Kartoffeln in der Asche.

Erlebnis: Ernte

Graben, Matschen, Buddeln – die Begegnung mit dem Element Erde, so hautnah und unmittelbar, ist Nahrung für jede Kinderseele.
Beim Buddeln von Kartoffeln und Möhren machen wir sinnliche Erfahrungen. Schon das Finden beim Graben und Wühlen wird zum freudigen Ereignis. Die Kinder halten ihren erdigen Findling in den Händen, sie rubbeln solange, bis sie die Farbe der Frucht entdecken – ein sattes tiefes Orange bei Mohrrüben, ein warmes, erdiges Braun bei Kartoffeln. Matschen mit Erde, Lehm, Sand und Wasser fördert die Kreativität der Kinder, weil sie elementare Erlebnisse machen, die ihre Sinne und Phantasie anregen. Sie graben Löcher, füllen sie mit Regenwasser, bauen Hügel und Berge. Sie entwickeln eigene Ideen und realisieren sie mit großem Eifer in Gemeinschaftsarbeit. Und so finden wir überall Kinder, die bis zum anderen Ende der Erde buddeln wollen, weil sie der Erde auf den Grund gehen wollen.

Kasperl-Theater von der gemeinen Bratpfanne

Die Requisiten:

Für dieses Kartoffel-Kasperl-Theater benötigen wir vier Kartoffeln. Eine Kartoffel bekommt eine Kasperlemütze und ein lustiges Gesicht aufgeklebt. Zwei Kartoffeln erhalten eine Krone und einen glitzernden Umhang – König und Königin. Der Königin kleben wir noch Wollfäden als Haare an den Kartoffelkopf. Die vierte Kartoffel wird als Teufel verkleidet, mit schwarzem Umhang, roten Teufelshörnchen und einem roten Dreizack. Zusätzlich benötigen wir noch eine kleine Schubkarre oder einen kleinen Eimer, einen kleinen Strauch aus zusammengeklebten Blättern, eine kleine Bratpfanne, geschälte Babykartoffeln sowie kleine ungeschälte Kartoffeln. Die Kartoffeln werden zum Spielen auf lange Gabeln gesteckt.

1. Szene: Kartoffelkasperl und Kartoffelkönig stehen auf der Bühne.
(Hinter einem Busch versteckt, lauert der Teufel und lauscht dem Gespräch.)

Kasperl: Hallo Kinder, hallo König! Wie geht es euch?

König: Hallo, lieber Kasperl, mir geht es gut, aber wenn du mir versprichst mir zu helfen, geht es mir noch viel besser.

Kasperl: Was gibts König? Ich helfe immer gerne.

König: Das Gold der Erde muss vom Acker ins Schloss getragen werden. Unsere Vorräte sind aufgebraucht. Die Königin ist schon ganz ungeduldig. Sie möchte das Gold der Erde endlich wieder im Schlosskeller liegen haben!

Kasperl: Nichts leichter als das. Ich besorge mir eine Schubkarre und werde gleich beginnen.

König: Du bist ein wahrer Freund, Kasperl. Wenn du bis morgen Mittag um 12 Uhr fertig bist, laden wir dich ins Schloss zu einem leckeren Mittagsmahl ein. Die Königin wird hoch erfreut über deinen Besuch sein.

Kasperl: Das werde ich mir nicht entgehen lassen. Bis morgen Mittag um 12 Uhr, lieber König.

2. Szene: Der Kartoffelteufel erscheint auf der Bühne.

Teufel: Habt ihr gehört, Kinder? Der Kasperl wird gleich Gold aus dem Acker graben und ich werde ihm dabei helfen. Der König wird sich wundern, wie schnell wir fertig sind, ha, ha, ha!

3. Szene: Der Kartoffelkasperl hat ein paar braune Kartoffeln in der Schubkarre, der Kartoffelteufel erscheint.

Kasperl: Uff, gleich habe ich es geschafft. Nur noch eine Schubkarre voll zum Schloss schieben, ab in den Schlosskeller damit und ...

Teufel: Her mit dem Gold, Kasperl, oder mein Dreizack wird dich ein wenig kitzeln!

Kasperl:*(lacht und gibt dem Teufel drei Kartoffeln)* Hier hast du drei Kartoffeln, jetzt verschwinde, ich habs eilig. Ich muss zum Schloss. Dort erwarten mich

der König und die Königin mit einem leckeren Mittagsmahl. Aus dem Weg Teufel, Königinnen lässt man nicht warten!

Teufel: *(ruft wütend)* Das ist doch kein Gold, das sind drei dreckige braune Kartoffeln! Was soll ich denn damit anfangen?

Kasperl: Ich verrate dir ein Geheimnis, du darfst es aber niemandem weitererzählen.
(Kasperl flüstert dem Teufel etwas ins Ohr; der Teufel verschwindet mit den drei Kartoffeln.)

4. Szene: Der Kartoffelteufel steht mit einer Bratpfanne in seiner Teufelsküche.

Teufel: Jetzt stehe ich hier und warte auf die große goldige Verwandlung und nichts passiert. Wenn das kein Trick vom Kasperl war. *(Er stößt plötzlich einen Schrei aus.)*
So eine gemeine Bratpfanne! Du sollst Gold aus meinen Kartoffeln machen und was ist das? Bratkartoffeln! *(Er schreit immer lauter.)* Betrug! Man hat mich betrogen! Dem Kasper werde ich es heimzahlen!

5. Szene: Kasperl, König und Königin sitzen am Mittagstisch und essen; plötzlich stürzt der Teufel herein.

Teufel: *(Er wirft die Bratkartoffeln dem Kasperl vor die Füße und schreit)* Wo ist das Gold? Es gehört mir! Her damit!

Kasperl, König und Königin: *(sagen aus einem Munde)* Wir essen es gerade, köstlich mmmh ...

Kasperl: *(klärt den Irrtum auf)* Du dummer Teufel, wusstest du nicht, dass Kartoffeln auch das Gold der Erde genannt werden, weil sie so lecker und so gesund sind? Du solltest sie auch öfter essen, das würde dir gut tun!
(Der Teufel macht sich voller Wut über die Kartoffeln in der Bratpfanne her und verlässt heulend und jammernd die Bühne.)

Teufel: Ich hab so Bauchweh, ich brauch sofort einen Kamillentee ...!

Kasperl: Kinder, esst ihr auch so gerne Kartoffeln, wie der König, die Königin und ich? Wann habt ihr das letzte Mal etwas aus Kartoffeln gegessen? Gestern? Vorgestern? Ach so, heute gibt es Kartoffelbrei bei euch, das ist gut. Lasst es euch gut schmecken! Tschüss!

Regina Bestle-Körfer

Wir kochen Kartoffelbrei

Im Anschluss an das Kartoffelkasperltheater kochen wir mit den Kindern Kartoffelbrei. Unsere Charakterknollen Knolli, Kurti und Klausi wollen wir nicht verspeisen. Wir lagern sie in einer gemütlichen Kartoffelkiste, beobachten wie sie beginnen zu keimen und stecken sie im kommenden Frühjahr in die Erde. Vielleicht bekommen sie viele Kartoffelkinder.

Im Herbstwind

Windspiele und Tänze

Windkarussells

Einen Gymnastikreifen umwickeln wir mit Bast oder Krepppapier. An dem Reifen werden mit dünnem Nylonfaden Naturmaterialien wie Moosstücke, Tannenzapfen, Blätter oder Herbstfrüchte befestigt. Aus Tannenzapfen oder Rindenstücken können wir auch Tiere oder Männchen basteln, die gerne Karussell fahren möchten. Das voll besetzte Karussell wird an einem Baum oder an einer Stange festgebunden. Wenn der Wind mitspielt, kann es sich dort mal langsam oder mal ganz schnell drehen. Kleine Windkarussells für jedes Kind können aus Draht gebastelt werden, der zu einem Ring geschlossen werden muss.

Blätter-Rechen

Auf einem Wiesenstück oder auf dem Asphalt wird ein Spielfeld markiert. Auf diesem Spielfeld verteilen wir viele bunte Herbstblätter. Bei zu starkem Wind können die Blätter ein wenig angefeuchtet werden. Immer zwei Kinder spielen gegeneinander. Ausgerüstet mit einer kleinen Harke und einem Eimer beginnen die Kinder, das Laub zusammenzuharken und in den Eimer zu stecken. Volle Eimer werden in zwei bereitstehende große Eimer oder Körbe ausgeleert. Wer schafft es, die meisten Blätter zusammenzurechen?

Windmalereien

Auf dem Boden breiten wir große Bögen Papier aus und befestigen sie mit Klebeband. Bereitgestellte Wasserfarben, die sehr flüssig angerührt werden, klecksen wir mit dicken Pinseln großzügig auf das Papier. Was macht der Wind mit den Farben? Welche Muster und Bilder kann der Wind für uns zaubern?

Regenschirm-Olympiade

Wir bilden Mannschaften mit mehreren Kindern. Jede Mannschaft bekommt einen Kinderregenschirm. Start- und Ziellinie werden vereinbart. Auf ein Zeichen hin spannt das erste Kind seinen Regenschirm auf, hält ihn wie ein Schild vor den Körper und rennt los – gegen die Kraft des Windes und ohne den Schirm loszulassen! In der nächsten Runde balancieren wir auf einer gemalten Linie, dürfen den Regenschirm aber nur mit einer Hand festhalten. In einer weiteren Variante halten wir den geöffneten Regenschirm wie einen Korb nach unten und versuchen, Kastanien oder Tannenzapfen zur Ziellinie zu transportieren. Wer erfindet noch andere olympische Aufgaben mit einem Regenschirm?

Herbsttanz mit Friederike Wirbelwind

Über den Himmel im herbstlichen Wind
tanzt ausgelassen ein lustiges Kind.
Schubst Wolken wie Watte durch das Blau,
zerzaust meine Haare, ich spür es genau.

Wie ein schnaubender Drache fegt es durch die Bäume,
schreckt herbstbunte Blätter aus ihren Träumen.
Rüttelt so lange, bis sie fallen und fliegen,
und am Boden wie bunte Farbtupfer liegen.

Wollt ihr wissen, wie es heißt, dieses lustige Kind?
Es ist Friederike Wirbelwind!

Socken und T-Shirts flattern im Sturm,
laut quietscht der Wetterhahn auf dem Turm.
Gruseliges Geheul tönt aus Spalten und Ritzen,
als würden dort tausend Gespenster sitzen.

Dicke Tropfen im Herbstwind zur Erde fallen,
mit Plitsch und Platsch auf der Straße zerknallen.
Mein Regenschirm hält dem Getrommel nicht stand,
eine heftige Böe reißt ihn mir aus der Hand.

Wollt ihr wissen, wie es heißt, dieses lustige Kind?
Es ist Friederike Wirbelwind!

Annemarie Stollenwerk

Friederike Wirbelwind lädt uns ein, mit ihr im Herbstwind zu tanzen. Wir probieren den Wolkenschubser-Tanz, den kunterbunten Blättertanz, den Heul-Tanz oder den Regentropfen-Tanz.

- Wolkenschubser-Tanz: Wir kreuzen unsere Arme vor der Brust, gehen oder hüpfen aufeinander zu und schubsen uns mit den gekreuzten Armen vorsichtig an.
- Kunterbunter Blättertanz: Welche Tanzschritte und Bewegungen machen die Blätter im Wind? Sie kreiseln, wehen, schweben, kullern, hüpfen hin und her, wechseln unkontrolliert die Richtung, reiben aneinander und rascheln dabei.
- Wir sind schwebende Blätter im Wind. Wir breiten unsere Arme aus und schweben alleine leicht und anmutig durch die Luft, ehe wir zu Boden fallen.
- Wir sind Blätter, die auf dem Boden wirbelnde Kreise drehen. Dazu fassen wir uns alle an den Händen und drehen uns im Kreis, mal langsam, mal schnell.
- Wir sind Blätter, die der Wind hin und her rollen lässt. Mit Zickzack-Sprüngen hüpfen wir hin und her und ändern ständig unsere Richtung.
- Heul-Tanz: Beim Tanzen und Springen heulen wir ganz schauerlich.

Dem Himmel entgegen

Vögel im Wind

Vögel sind zum Fliegen geboren. Ihr Körper ist stromlinienförmig und leicht, er kann sich von der Luft tragen lassen und durch die Luft gleiten. Der Schlag der Flügel dient dazu, sich auch ohne Luftströmung, ohne Wind in den Lüften halten zu können. Vögel mit großer Flügelspanne können lange Zeit in der Luft segeln, ohne mit den Flügeln zu schlagen. Mit Beginn der Herbstzeit legen viele Vögel weite Strecken zurück, um nach Süden zu ziehen und dort den Winter zu verbringen. Abermillionen von Flügelpaaren beleben in dieser Zeit den Himmel. Wenn die Zeit der großen Herbstwanderung näher rückt, fressen sich die Zugvögel so rund wie möglich, um Reserven für die weite Reise aufzubauen. Der Kuckuck fliegt als erster, allein. Schwalben sammeln sich in langen Reihen auf Leitungen. Ihre innere Uhr und die Sorge ums Überleben sagen ihnen, wann es Zeit wird, gemeinsam loszufliegen. Stare warten mit dem Vogelzug, bis das Wetter bei uns schlechter wird. Die im hohen Norden lebenden Schwäne, Wildgänse und Wildenten ziehen in unsere Breiten.

Vogelkundler unterwegs

Wir beobachten Vögel in Parks, Gärten, im Wald und auf den Straßen. Mit Hilfe eines Fernglases können wir sie ganz aus der Nähe betrachten, ohne sie zu stören. Aus Papprollen können wir uns selbst ein Fernrohr bauen, das zwar nicht vergrößert, aber unsere Augen auf einen bestimmten Punkt zu konzentrieren hilft. Welche Vogelarten können wir benennen? Stare erkennt man z. B. gut an ihrem braun-getupften Gefieder, Schwalben an ihrem ausgeprägten gespaltenen Schwanz und ihren wendigen Flugbewegungen. Ein Vogelbestimmungsbuch kann unsere Beobachtungen unterstützen.
Wir legen uns auf den Rücken und schauen den fliegenden Vögeln nach, sehen, wie unterschiedlich sie sich bewegen, wie schwerelos sie segeln, wie hoch sie steigen, wie wendig sie sind.
Wir beobachten, wie sich Zugvögel sammeln, wie sie zwitschernd und schwatzend beieinander sitzen. Wo lassen sie sich nieder? Wie bewegen sie sich am Himmel? Können wir bestimmte Formen erkennen? In einem Atlas oder auf einem Globus schauen wir nach, wie weit die Strecke ist, die die Vögel auf ihrem Flug nach Süden – bis in den Mittelmeerraum und nach Afrika – zurücklegen.

Sammeln zum Abflug

Wir spielen das Sammeln der Vögel nach und versuchen durch Geräusche, unsere Vogelfamilie startbereit für den Flug nach Süden zu machen. Stare rufen z. B. „spett-spett-spett", Schwalben dagegen „wit-wit". Wildgänse schnattern und Wildenten quaken. Jedem Kind flüstern wir ins Ohr, welchen Vogel es nachahmen soll. Auf ein Zeichen hin beginnen alle Kinder gleichzeitig mit ihrem Vogelruf und versuchen nun, ihre Vogelfamilie zu finden und um sich zu sammeln. Gewonnen hat die Vogelfamilie, die zuerst mit allen Vogelkindern in einer Reihe nebeneinander sitzt.

Zugvögellied

Volkslied
2.-4. Strophe: Regina Bestle-Körfer

2. Schwalben, Pirol, Fink und Star
   kommen wieder nächstes Jahr.
3. Raben, Krähen bleiben hier,
   friern im Winter so wie wir.
4. Amseln, Meischen, kleiner Spatz
   suchen einen Futterplatz.

Vogelflug

Wir bilden die Flugformationen der Zugvögel nach. Wildgänse fliegen z. B. in V-Form, Stare in einer dichtgedrängten „Wolke“, Schwalben in langen Bändern. Aus schwarzem Tonkarton schneiden wir die Silhouetten der Vögel aus und befestigen sie an einem kurzen Band. Auf einer Wiese oder auf dem Hof bewegen wir uns dann wie die Zugvögel, indem wir rennen und unsere Kartonvögel hinter uns her flattern lassen.

Wind-Wipp-Vögel

Ganz andere Windvögel sind unsere lustigen Wipp-Vögel. Aus Draht biegen wir eine beliebige Grundform und schließen sie. Den überstehenden Draht ziehen wir glatt und drehen ihn in zirka fünfzehn Umwindungen um ein dickes Rundholz oder einen Besenstiel, sodass eine Spirale entsteht. Es sollte noch ein gerades Ende übrig bleiben. An diesem Ende befestigen wir mit Bindedraht einen geraden Stock, den wir bis in die Drahtspirale hineinschieben. Dadurch bekommt der Wipp-Vogel mehr Festigkeit und wir können ihn gut in Erde, einen Blumenkübel oder in Stroh stecken. Die Grundform bekleben wir von beiden Seiten mit buntem Stoff, Ton- oder Transparentpapier. Aus festem Karton schneiden wir zwei Kreise, die als Kopf dienen und von beiden Seiten auf den Körper geklebt werden. Nun kann der Vogel geschmückt und verziert werden: mit bunten Flügeln und Schwanzfedern aus Papier, Stoff oder Federn. Er kann bemalt und beklebt werden. Bei Vögeln aus Tonpapier empfiehlt es sich, sie mit Klarlack einzusprühen, so sind sie draußen etwas haltbarer. Zum Schluss suchen wir für unsere Vögel ein windiges Plätzchen im Blumenkasten, im Beet oder in Strohballen, die wir draußen aufstellen.
Material: 1,5 mm dicker Draht, eine Zange, Rundholz oder Besenstiel, gerade Stöcke, Bindedraht, Transparentpapier, Tonkarton oder Stoff, Kleber, Federn, Farben, Sprühlack.

Plitsch, platsch

Pfützenkönige und Ungeheuer

Wasser ist kostbar. Wasser brauchen wir überall zum Leben und Überleben. Es ist der Urquell des Lebens, der „Stoff, durch den wir sind“. Wasser ist das erste Element, das Kinder im Mutterleib erleben. Wenn Kinder mit Wasser in Berührung kommen, können wir an ihren Gesichtern und entspannten Körpern sehen, dass sie in ihrem Element sind, wie magisch sie vom Wasser angezogen werden. Wasserspiele sind in allen Jahreszeiten beliebt, im Herbst natürlich mit Gummistiefeln und Regenjacken und -hosen, denn im Herbst wartet an jeder Ecke eine Pfütze auf ein Kind.

Ein Regenspaziergang

Es gibt viel zu hören, zu sehen, zu riechen, zu fühlen, wenn wir im Regen spazieren gehen. Da spritzen Regentropfen in unser Gesicht, auf unsere Hände und auf den Boden. Es gibt große und kleine Spritzer, die sehen lustig aus und sie machen plitschige Geräusche. Alles Nasse – Dächer, Asphaltstraßen und Autos – überzieht ein Glanz. Farben werden im Nassen kräftig und leuchtend, sodass unsere Regenjacken bunt schillern. Pfützen werden zu bewegten Spiegeln, in denen wir uns betrachten können.

Pfützengedicht

Hab meine Gummistiefel angezogen.
Heut lauf ich bis zum Regenbogen.
Und der Regen plitscht und platscht,
der Garten schwimmt im Regenmatsch.
Ein Schmatzen, ein Blubbern,
meine Stiefel, die schlubbern.
Mittenrein, mittenrein,
mitten in die Pfütz hinein.
Einmal Pfützenkönig sein!

Regina Bestle-Körfer

Pfützenkönig

Wir bilden Gruppen mit jeweils drei bis fünf Kindern. Jedes Kind einer Kleingruppe ist mit Gummistiefeln und einer Regenjacke bekleidet. Sie stehen hintereinander in einer Reihe und für jede Kleingruppe liegen ein Südwester, ein Becher und ein Regenschirm bereit. Auf ein Startzeichen setzt sich jeweils das erste Kind einer Mannschaft den Südwester auf, nimmt den aufgespannten Regenschirm in die eine und den Becher in die andere Hand. Dann läuft es durch den Regen zu einer vorher aufgestellten Wasserschüssel, die unsere Pfütze darstellt, oder zu einer echten großen Pfütze und schöpft einen Becher voll Wasser heraus. Es läuft zurück zu seiner Gruppe und schüttet das Wasser in einen Eimer oder in einen Messbecher.

Nun übergibt es Südwester, Regenschirm und Becher an das nächste Kind, das wiederum durch den Regen läuft, um Regenwasser zu schöpfen. Die Kinder, die zuerst einen Liter Regenwasser gesammelt haben, sind Pfützenkönige und erhalten eine goldene Krone mit aufgeklebten Wassertropfen. Alle anderen Kinder bekommen ebenfalls Prinzen- und Prinzessinnenkronen aufgesetzt, denn alle haben sich sehr angestrengt.

Farbregen

Eine Technik, welche die gestalterische Kraft des Herbstes erlebbar werden lässt, ist das Ausgießen von Farbe über eine transparente Abdeckfolie oder große Bahnen von Packpapier. Diese lassen wir draußen an einem Geländer oder Klettergerüst leicht gestrafft auf den Boden hängen. Wir stellen Becher mit verschiedenen Herbstfarben bereit, die nicht zu dünnflüssig sein sollten. Die Kinder dürfen dann von oben ihre Farbe ausgießen und dem Verlaufen der Herbstfarben nachschauen und nachspüren. Wir können unten Pfützenwannen zum Auffangen der Farbe aufstellen und beobachten, wie Mischfarben entstehen. Wir entdecken, dass alle Farben zusammengemischt ein matschiges erdiges Braun ergeben. Zum Malen von braunen Erdebildern ist unser aufgefangener Farbregen weiter verwendbar.

Zaubermaler Herbst

Stellt euch vor, wir sind der Herbst und ziehen mit einem großen Farbkasten nach draußen. Überall tupfen, spritzen und kleckern wir bunte Farben an Bäume und Sträucher, auf Wege und Wiesen, an die wir zuvor große Papierbögen angeheftet oder ausgebreitet haben. Wir hinterlassen herbstliche Farbspuren. Es stehen Wasserfarben bereit, verschiedene Pinsel und außerdem große Gefäße mit Wasser, damit die Farben sich gut kleckern und spritzen lassen.
Wir können auch großformatige alte Kalenderblätter oder Kopien von Wäldern, Stadtansichten, Parks und Gärten auf dem Boden ausbreiten, auf denen nach Herzenslust gemalt werden darf, bis der Herbst auch dort erkennbar Einzug gehalten hat.

Pfützenungeheuer Balduin

Was schwimmt denn hier
für ein Tier?
Es wabbelt und sabbelt,
es kribbelt und krabbelt.
Die Pfütze, sie schäumt,
oder hab ich geträumt?
Hast du es noch nicht gehört?
Das kann nur Balduin
das Pfützenungeheuer sein.
Balduin ist wabberig und klein.
Jetzt rat ich dir,
siehst du die nächste Pfütze schäumen,
fang nicht lange an zu träumen.
Spring einfach hinein!

Pfützenungeheuer vertreiben

Mit Seifenblasen oder etwas Spülmittel schäumen wir Pfützen auf und stellen uns vor, dass dort Balduin, das ekelige, schwabbelige Pfützenungeheuer schwimmt. Die Kinder können Balduin vertreiben, indem sie die Pfütze leer treten.

Über den Kreislauf des Wassers

Wasser ist ständig in Bewegung. Es bewegt sich vom Meer über die Wolken zum Land und wieder zurück. Die Wassermengen auf der Erde bleiben immer gleich. Die Sonne gehört unentbehrlich in diesen Wasserkreislauf hinein. Sie verdunstet das Wasser auf der Erde, lässt es in unsichtbaren Tropfen zum Himmel aufsteigen, wo sich neue Wolken bilden, die als Regen zur Erde fallen, wenn sie groß und schwer geworden sind.

Die Regentropfengeschichte von Billi Tropfenklein

Das ist Billi Tropfenklein. Er wohnt mit seiner Familie im Wolkenhaus Nummer 5 am Osthimmel. Das ist Billis große Schwester Lilli. Sie geht in die 2. Klasse der Wolkenschule. Lilli freut sich riesig auf den Herbst. Das ist Billis großer Bruder Pauli. Er ist gerade auf der Wolkenwiese und hilft das Wolkenkarussel aufbauen. „Für die große Windsause", sagt Pauli. Das ist Topper, der Lehrer aus der Regentropfenschule. Er soll die Tropfenkinder auf die große Windsause zur Erde vorbereiten. Topper fliegt nicht mehr mit zur Erde, weil er schon älter ist und immer so einen Schwindel im Kopf bekommt, vom großen Wirbeln.

Es ist Abend. Im Wolkenhaus Nummer 5 sitzt Familie Tropfenklein am Abendbrottisch. Mama Tropfenklein, Papa Tropfenklein, Billi, Lilli und Pauli. Pauli spuckt große Töne: „Ich bin fit wie ein Hagelkorn. Morgen kann es losgehen, das spüre ich in meinem Regenbeutel." Lilli lacht über Pauli. „Dann schläfst du am besten in der Tiefkühltruhe, damit dein Regenbeutel auch eiskalt und schwer wird. Ich freue mich aufs Schweben, wie eine Tänzerin", schwärmt Lilli.

Im Wolkenradio ertönt der Wetterbericht. „Ein Tief über dem Atlantik bringt ein Sturmtief an den Osthimmel. Heute nacht dreht sich der Wind und wir können schon morgen Mittag mit Windstärke zwölf rechnen."

Billi macht ein trotziges Gesicht. „Ich will nicht mit dem Windkarussel zur Erde sausen. Das ist mir zu schnell und zu weit und zu wirbelig."

Papa Tropfenklein streicht Billi über den Tropfenkopf. „Jeder Anfang ist schwer, Klein-Billi, aber runter kommen alle, und natürlich wieder hinauf. Du wirst mein drittes Regenwirbelkind und ich werde stolz auf dich sein."

Am nächsten Morgen singen alle Tropfenkinder das Lied „Der Herbst, der Herbst, der Herbst ist da. Er bringt uns Wind heihussassa". Sie sitzen aufgeregt in ihren Schulbänken. Lehrer Topper fragt Billi, Lilli und Pauli und die anderen Tropfenkinder: „Auf welchem Sturmvogel möchtest du sitzen, und du, und du ...?" Lilli entscheidet sich für die schwarze Amsel, Pauli für den großen Seeadler und Billi für den kuschelig weißen Storch. Alle Tropfenkinder rennen zur Wolkenwiese, nur Billi nicht. Er schlurft hinter Mama Tropfenklein her. Mama Tropfenklein gibt Lilli und Pauli und Billi einen feuchten Regenkuss. Sie hebt Billi auf den Storch und flüstert ihm zu: „Bis später, mein kleiner Wirbelschatz." Wind kommt auf am Osthimmel, zuerst eine kleine Brise. Das Wolkenkarussel beginnt sich zu drehen, zuerst langsam, dann immer schneller, wie der Wind, aus dem ein Herbststurm geworden ist.

Das große Wirbeln beginnt. Die Tropfenkinder verlassen mit ihren Sturmvögeln die Wolkenwiese

und wirbeln hinab zur Erde. Billi mag gar nicht nach unten schauen. Er vergräbt seinen Kopf tief in den weißen Storchenfedern. Einige Tropfenkinder wirbeln an Billi vorbei. Sie haben ihren Sturmvogel verlassen, um die Windrutsche auszuprobieren. Da ruft Pauli im Vorbeisausen: „He, Billi, kommst du mit auf die Windrutsche? Tolles Kribbeln im Regentropfenbauch!" Auch Lilli hat ihren Sturmvogel verlassen und dreht eine Luftpirouette auf einem Ahornsamen. „Sie sieht sehr schön aus", findet Billi. „Lilli wird bestimmt einmal eine berühmte Tropfentänzerin."

Billis Storch rappelt und zappelt durch die Luft, bis er plötzlich mitten in einer großen Regenpfütze landet. Mit seinen langen Storchenbeinen tritt er mindestens auf siebenundzwanzig Tropfenbäuche und aus der Pfütze ertönt ein Schimpfen und Klagen. Der Storch schüttelt sich kurz, murmelt ein undeutliches „Tsuldigung" und Billi rutscht aus dem kuschelig weißen Federkleid mitten in die Pfütze hinein. Plumps, jetzt ist Billi Tropfenklein zum ersten Mal auf der Erde gelandet. Uff, geschafft, Klein-Billi. „Danke, lieber Storch!"

Alle Tropfenkinder, auch Billi, Lilli und Pauli, warten nun ungeduldig auf die Sonne, die sie mit ihrem Sonnenaufzug wieder hinauf zum Osthimmel ziehen wird. Heute lässt die Sonne bis zum Abend auf sich warten und so plätschern die Tropfenkinder durch die Pfütze. Sie rudern bäuchlings und rücklings, sie purzeln und spritzen, sogar Billi planscht mittendrin im Pfützensee.

Dann ist es endlich soweit. Die Sonne taucht zwischen den Himmelswolken auf und schickt ihre Strahlen zur Erde.

Lilli zieht Billi aufgeregt an der Hand aus der Pfütze. „Schau, Billi, die Sonne kommt. Sie bringt uns nach Hause zurück." Viele Türen öffnen sich für viele Regentropfenkinder, die wieder zu ihrem Wolkenhaushimmel zurücksausen wollen. Lilli und Billi und Pauli besteigen den gleichen Sonnenstrahlenaufzug. Der Sonnenliftboy, ein Sonnenkind mit gelbem Anzug und gelber Kappe, drückt auf Wolkenhaus Nummer 5, dort wo Lilli, Billi und Pauli wohnen. Und dann geht es ab hinauf zu Mama und Papa Tropfenklein. Als sich der Sonnenstrahlenaufzug öffnet, stehen da, mit einer großen Himmelsschüssel voll Wolkeneis, Mama und Papa Tropfenklein. Alles ist, wie es vorher war, und Billi, Lilli, Pauli und der gelbe Sonnenliftboy freuen sich über die riesengroße Portion Wolkeneis, die am Tag des Sonnenaufzugs immer himmlisch schmeckt.

Regina Bestle-Körfer

Regentropfentheater

Wir basteln jede Figur der Regentropfengeschichte aus flattrigem Seidenpapier, befestigen sie an Fäden. So können wir die Erzählung von Billi Tropfenklein und seinen Geschwistern als Marionettenspiel in einem selbst gestalteten Pappkartontheater nachspielen.

Alles ist verschwunden

Nebelgespenster

Nebel ist charakteristisch für den Herbst, wenn die Luft nicht mehr warm genug ist, um die Feuchtigkeit aufzunehmen. Frühnebel entsteht, wenn die noch laue Luft mit dem kalt werdenden Boden zusammentrifft. Nebel ist eine Wolke, die über der Erde schwebt. Kinder fasziniert das Phantastische und Unheimliche des Nebels. Alles sieht fremd aus, vertraute Häuser, Wege und Bäume sind nicht in gewohnten Entfernungen zu sehen. Manchmal ängstigt Kinder die milchige Luft, weil sie sich schwer orientieren können: „Mama, finden wir den Weg nach Hause?" Wenn die Sonne sich einen Weg durch die dichten Nebelschwaden bahnen konnte, trocknet die feuchte Luft, sie verdunstet. Die Nebelwolken werden zum Himmel gezogen, die Luft wird wieder klar. Nach einer Wetterregel ergibt steigender Nebel Regen und fallender Nebel Sonnenschein.

Die Nebelgespenster

Alles ist weg, wo ist die Heck?
Alles ist weg, ich hab einen Schreck!
Das sind die Nebelgespenster, huhu.
Sie krabbeln und wabbern
an unserm Fenster, huhu.

Alles ist weg, wo ist das Haus?
Alles ist weg, wo ist die Maus?
Das sind die Nebelgespenster, huhu.
Sie krabbeln und wabbern
an unserm Fenster, huhu.

Alles ist weg, wo ist der Baum?
Alles ist weg, ist es ein Traum?
Das sind die Nebelgespenster, huhu.
Sie krabbeln und wabbern
an unserm Fenster, huhu.

Regina Bestle-Körfer

Vorsicht Nebelgespenster!

Mit weißen Tüchern und Bettlaken verkleiden wir uns als Nebelgespenster und wer mutig ist, läuft als Nebelgespenst durch den Nebel. Wir bedecken einen Strauch, einen großen Stein, den Sandkasten usw. im Nebel mit weißen Tüchern und lassen sie verschwinden. Sie wurden von den Nebelgespenstern weggezaubert und in die Gespensterwelt mitgenommen.

Nebel-Brillen basteln

Wir können Nebel-Brillen basteln und Nebel auch an hellen Tagen vor unserem Auge erzeugen. Dazu basteln wir Brillen aus Pappe, bemalen sie gespenstisch mit Spinnenweben und Gespenstern und als Brillengläser kleben wir die milchige Folie von Frühstückstüten hinein. Aber Vorsicht! Diese Brillen sind sehr nebelig! Wir können nur schemenhaft sehen und brauchen jemanden, der uns führt und aufpasst, dass wir nicht stürzen.

Nebelgespenster-Tüten

In eine milchige Frühstücksplastiktüte kleben wir einen hellblauen Himmel aus Transparentpapier. Die Kinder schneiden Gespenster aus weißem Tonpapier aus und bemalen das Gesicht mit einem leuchtenden Filzstift. Am Gespensterkopf wird ein dünner Faden verknotet. Die Nebelgeister werden dann mit Klebestreifen an den Himmel in der Tüte geklebt. In die Tüten können noch ausgeschnittene Bäume, Häuser und Autos geklebt werden, sodass – von außen betrachtet – eine milchige Nebellandschaft in der Tüte entsteht. Die Tüten werden aufgepustet und zugebunden, sodass keine Luft entweichen kann. Mit den Gespenster-Tüten können Luftspiele gespielt werden. Mehrere Gespenster-Tüten nebeneinander aufgehangen ergeben ein Gespenster-Nebel-Mobile.

Nebelhorn-Spiel

Schiffe auf dem Meer verständigen sich im Nebel mit einem laut dröhnenden Nebelhorn, damit sie nicht zusammenstoßen. Wir wollen mit unserem Nebelhorn, das wir aus einem Stück Gartenschlauch mit einem aufgesteckten Trichter basteln, die Nebelgespenster draußen verjagen. Zum Nebelgespenster-Verjagen bieten sich noch Nebel-Klappern und Nebel-Rasseln aus der Instrumentenkiste an. Wie laut ist der Nebel? Hören sich Geräusche an wie immer? Oder schluckt der Nebel nicht nur Licht, sondern auch Töne?

Verschollen im Nebel

Ausgerüstet mit unserem Nebelhorn und einem großen weißen Betttuch begibt sich eine mutige Kindergruppe hinaus in den Nebel. Sie verstecken sich irgendwo unter ihrem weißen Betttuch und stoßen, wie ein Schiff im Nebel, einen Ton aus ihrem Nebelhorn aus. Eine zweite Kindergruppe macht sich auf den Weg in den Nebel, um die verschollenen Kinder zu suchen.

Nebelexperiment

Unser Nebelexperiment findet draußen in der Sonne statt. Dazu stellen wir auf eine befeuchtete Glasplatte eine durchsichtige Käseglocke oder eine umgedrehte Glasschüssel mit glattem Rand. Wir beobachten, wie die Sonne die feuchte Glasplatte trocknet und dabei die kleinen Wassertropfen nach oben zieht. Da die Wassertropfen unsichtbar sind, wenn sie nach oben zum Himmel steigen und dort neue Wolken bilden, fangen wir sie in unserem Experiment unter der Käseglocke ein und machen sie sichtbar. Die Sonne zieht auch die Wassertropfen in der Käseglocke an. Da sie aber nicht in die Luft entweichen können, bleiben sie an der Käseglocke hängen und erzeugen Nebel.

Feuer in den Händen halten

Laternenzeit

Novemberdunkel

Es ist die Zeit
der frühen Dunkelheit.
Trübe und grau
schweigt der Tag.

Es ist die Zeit,
wo kein Mensch
in die Kälte mag.

Es ist die Zeit
der Spiele im Haus.
Wir erzählen von St. Martin
und gehen hinaus.

Es ist die Zeit
der Lieder und Laternen,
ein Lichterfest
mit Mond und Sternen.

Es ist die Zeit
der frühen Dunkelheit.
Um fünf Uhr ist schon Kerzenzeit.

Doch tief innen
wärmt mich ein Traum
vom blühenden Apfelbaum.

Regina Bestle-Körfer

In jedem Jahr lassen wir uns neu verzaubern von den Feuer- und Lichtbräuchen um Erntedank und St. Martin. Am Martinsabend gehen wir mit selbstgebastelten Lichtern hinaus in die Dunkelheit, um mit unseren Laternen die Nacht zu erhellen und ihr die absolute Schwärze zu nehmen. Wir versammeln uns um ein großes, warmes Feuer, singen, feiern, spielen und freuen uns daran, Licht und Wärme mit anderen teilen zu können.

Obst und Gemüselaternen

Aus dünnem, feinmaschigem Hasendraht schneiden wir mit einer Drahtschere Rechtecke oder Quadrate aus und biegen sie zu unserer Grundform zurecht (z. B. Apfel, Birne, Möhre, Lauch oder Kohlkopf). Oben lassen wir eine Öffnung, damit dort später der Laternenstab mit seinem Licht hineingehängt werden kann. Aus Transparent- oder Seidenpapier schneiden oder reißen wir große Stücke, streichen sie kräftig mit Kleister ein und kleben sie auf das Drahtgerüst. Wir müssen mehrere Lagen Papier aufmodellieren und gut durchtrocknen lassen. Das kann ein bis zwei Tage dauern. Sind unsere Laternen getrocknet, befestigen wir einen kleinen Haltedraht an der Laternenöffnung und können dann mit dem Verzieren beginnen: Wir schneiden Blätter aus Tonpapier aus, bringen Möhrengrün oder -wurzeln an, schneiden Kohl-

blätter zurecht – je nach Gemüsesorte. Alle Teile kleben wir an der Laterne oder dem Haltedraht fest.
Material: feinmaschiger Hasendraht am Meter (Baumarkt, Gartenhandel), Drahtschere, Seiden- oder Transparentpapier in passenden Farben, Kleister, Bindedraht, Tonpapierreste in den entsprechenden Farben der Gemüse oder des Obstes.

Ast-Leuchten

Wir sammeln kräftige Äste und Stöcke mit etwa 3 bis 4 cm Durchmesser; sie sollten nicht zu krumm sein, damit wir später die Kerzen darauf gerade befestigen können. Für jeden Ast benötigen wir das Unterteil einer Käseschachtel, die wir mit einem Nagel in die Äste hineinschlagen. Aus Metalldrückfolie schneiden wir entsprechend dem Umfang der Käseschachtel einen etwa 10-15 cm breiten Streifen (gerade, mit Wellenrand oder mit Zacken); auf mehreren Lagen Zeitungspapier als Untergrundschutz drücken wir in die Folie mit Hilfe einer Stricknadel oder eines Kugelschreibers Muster. Zusätzlich pieksen wir mit einer Prickelnadel noch Löcher in die Folie, durch die das Licht schimmern kann. Anschließend kleben wir den gestalteten Streifen an die Käseschachtel und drücken ihn gut fest. Unsere Ast-Leuchten stecken wir tief in Sand, ins Blumenbeet oder in Blumenkübel. Jetzt fehlen nur noch Teelichter und die Ast-Leuchten können ihr zauberhaftes Licht verbreiten.
Material: Äste und Stöcke, Käseschachteln, Metalldrückfolie, Zeitungspapier, Stricknadeln oder Kugelschreiber, Prickelnadeln, Kraftkleber, Teelichter

Sprechgesang am Martinsfeuer

Es gibt viele schöne Martinslieder, die wir am Feuer singen können, aber wenn wir einmal genau hinhören, macht auch das flackernde, lodernde Feuer Musik. Wir lauschen dem Feuer und fangen dann an, die Feuersprache nachzuahmen. Dazu teilen wir uns in verschiedene Gruppen, die zuerst nacheinander und dann alle zusammen folgende Laute flüstern, rufen, schreien, murmeln: „knick-knick-knack, knister-knaster-knuster, wisper-wisper-wisper, zisch-zisch-zisch, brutzel-brutzel-brutzel, bing-bang-boing, tuschel-puschel-wuschel, flüster-flüster-flüster.“ Wem fallen noch andere Wörter aus der Feuersprache ein?

Kartoffel-Lämpchen

Zum Martins- oder Lichterfest werden auch unsere Räume festlich geschmückt. Lichterketten mit kleinen Glühbirnen verbreiten ein heimeliges und warmes Licht und lassen sich mit einfachen Mitteln ganz individuell gestalten: kleine Luftballons (Wasserbomben) pumpen wir auf und knoten sie fest zu. Klein gerissenes Transparentpapier in Weiß und Braun kleben wir mit Kleister auf die Luftballons, zuerst eine Schicht Weiß, darüber eine Schicht Braun. Die noch feuchten Luftballons können wir noch ein wenig „kartoffelförmig“ zurechtdrücken, ehe wir sie ganz durchtrocknen lassen. Nach dem Trocknen schneiden wir eine kleine Öffnung in unsere Kartoffel und entfernen den Luftballon. Anschließend stecken wir die fertigen Kartoffeln auf eine Lichterkette und binden sie, wenn nötig, mit feinem Draht fest. Mehrere der Kartoffellämpchen fassen wir mit dünnem Draht und grünem Krepppapier zu einer Kartoffelpflanze zusammen. Unsere Kartoffellämpchen können, mit einem Teelicht beleuchtet, auch Tische und Fensterbänke schmücken!
Material: kleine Luftballons (Wasserbomben), Luftballonpumpe, Transparentpapier in Braun und Weiß, Kleister, eine Lichterkette, dünner Bindedraht, grünes Krepppapier, Teelichter.

Geheimnisvolle Feuerwesen

Von Funkenfeen und Feuertänzern

Die Geschichte von der klitzekleinen Funkenfee und vom fröhlichen Knispelwichtel

Es lebten einmal in einem tiefen Wald eine klitzekleine Funkenfee und ein fröhlicher Knispelwichtel. Sie wohnten in einer Wurzelhöhle am Fuße einer mächtigen Rotbuche. Jedes Jahr im Herbst, wenn es dunkler und dunkler wurde, klagte der sonst so fröhliche Knispelwichtel über die bevorstehende lange, dunkle Jahreszeit, die er meist mürrisch und gelangweilt in seiner Wurzelhöhle verbrachte. Er mochte die Dunkelheit nicht, weil er ohne seine Freundin, die Funkenfee, keinen Schritt mehr im dunklen Wald alleine gehen konnte. Begleitete sie ihn nicht auf Schritt und Tritt, stieß er sich seine kleinen Wichtelfüße an jedem spitzen Stein oder er rempelte mit dem kleinen Wichtelkopf gegen jeden Baumstamm. Die kleine Funkenfee dagegen fand es auch im Herbst und Winter ganz lustig im Wald, weil sie selbst ein kleines Licht in sich hatte, das sie nur ausspucken musste und schon sprudelten kleine, helle Funken aus ihrem Mund, die zwar sofort verglühten, aber doch für ein wenig Licht auf ihren Wegen sorgten.

Und so war es jedes Jahr dasselbe. Der sonst so fröhliche Knispelwichtel, der am liebsten im Wald umherstrolchte und mit den Eichhörnchen und Vögeln um die Wette raschelte und knisterte, wurde immer mürrischer, was die kleine Funkenfee nicht länger mit ansehen wollte. „Ich muss mir etwas überlegen, damit mein Freund, der Knispelwichtel, auch in der dunkelsten Zeit des Jahres seine fröhliche Knistermusik im Wald machen kann, ohne sich zu verletzen. Aber wie soll ich es nur schaffen, ein großes Licht in diesen dunklen Wald zu bringen? Meine Funken sind zu klein und leuchten nur einen winzigen Augenblick.“ In dieser Nacht hatte die kleine Funkenfee einen wunderschönen Traum. Sie träumte von ihrer Ururgroßmutter, der mächtigen Drachenfee, die riesengroße Feuerzungen spucken konnte. Und stellt euch vor, die mächtige, alte Drachendame verriet der kleinen Funkenfee ein Geheimnis. Sie sprach zu ihr im Traum: „Liebe kleine Funkenfee, glaube mir, auch du kannst Funken spucken, die groß und mächtig werden, die helles Licht und Wärme spenden. Suche

dir einen Freund, der dir trockenes Geäst und knisterndes Reisig aufschichtet, und dann spuckst du mitten in den Holzhaufen deine kleinen Funken hinein. Ein kleiner Windhauch hilft deinen Funken, eine kleine Flamme am Holz zu entfachen, und dann habe ein wenig Geduld und freue dich auf das, was dann geschieht.“ Als die kleine Funkenfee ihren Traum zu Ende geträumt hatte, war sie sofort hellwach. Sie dankte ihrer Ururgroßmutter für den guten Traum und weckte ihren Wichtelfreund. Er besorgte gespannt so viel knisterndes Reisig, wie er tragen konnte, und freute sich mit der kleinen Funkenfee auf ihr neues Spiel. Nachdem sie das trockene Geäst zu einem Hügel aufgeschichtet hatten, holte die kleine Funkenfee tief Luft und blies hundert kleine Funken mitten in den Holzhaufen hinein. Der Knispelwichtel war so aufgeregt, dass er wie ein wilder Wichtel über den Holzhaufen mit den hundert Funken sprang und es nur so knisterte. Und was das Wichtigste war, er machte mächtigen Wind dabei. Und genau diesen Wind brauchten die kleinen Funken, um sich tief in das Geäst zu bohren und kleine Flammen zu entzünden, die größer und größer wurden, bis sie ein Feuer waren, das Licht und Wärme schenkte.
Als der fröhliche Knispelwichtel und die kleine Funkenfee sahen, was sie gemeinsam geschafft hatten, freuten sie sich über ihr neu erfundenes Spiel, das sie von nun an jeden Tag in der dunklen Zeit des Jahres miteinander spielten.

Regina Bestle-Körfer

Wir basteln ein „Feuer“

Wir basteln ein großes „Feuer“ für drinnen. Dazu sammeln wir Äste und Zweige, die wir genauso aufschichten, als würden wir ein echtes Feuer entfachen. In die Mitte des Holzstapels legen wir eine Lichterkette. Aus gelbem, rotem und weißem Transparentpapier schneiden oder reißen wir Feuerzungen und kleben sie an den Ästen und Zweigen fest.

Feuerspringen

Wer traut sich, über unser „Feuer“ zu springen? Mit etwas Anlauf und angefeuert von unseren Funkenfeen und Knispelwichteln wird es wohl gelingen!

Feuermusik

Es fehlen noch die Feuergeräusche, die wir mit Instrumenten nachempfinden. Knisternde Feuergeräusche können wir erzeugen, indem wir leise mit den Fingernägeln auf dem Fell einer Handtrommel kratzen oder mit Butterbrotpapier knistern. Prasselnde Feuergeräusche können wir mit Rasseln nachahmen und knackendes Feuer entsteht, wenn wir trockene kleine Äste und Zweige durchbrechen.

Ein Feuertanz

Wir verkleiden uns als Funkenfeen und Knispelwichtel. Wir tragen eine selbstgebastelte Feuermaske aus Papier, die wir mit gerissenen Flammen aus Ton- oder Transparentpapier bekleben. Wir setzen uns auf dem Boden in einem großen Kreis eng zusammen. In den Händen halten wir ein rotes, gelbes oder oranges Tuch oder ein Stück Krepppapierband. Wir machen uns ganz klein. Langsam läuft eine Funkenfee um den Kreis herum und berührt unseren Rücken sanft mit der Hand: Das Feuer erwacht, ein kleiner Funke ist übergesprungen. Knisternde, züngelnde Flammen tanzen auf und nieder. Nach ausgelassenem Flammentanz werden die Flammen wieder kleiner.

Kuschelwarme Winterhöhlen

Geborgener Schlaf

Wie Tiere überwintern

Wir Menschen überstehen die kalte, dunkle Zeit des Jahres in gemütlichen, warmen Häusern. Doch was machen eigentlich die Tiere in Wald und Feld bei Kälte, Eis und Schnee? Ein wichtiger Schutz vor Kälte ist ein dichter Pelz, der vor tiefen Temperaturen und kalten Winden schützt. So wächst dem Schneehasen und dem Hermelin ein winterweißes Schutzfell, und auch das Schneehuhn bekommt rechtzeitig ein dichtes Federkleid, das nicht nur wärmt, sondern mit seiner weißen Farbe auch ein guter Schutz ist, denn weiße Tiere vor weißem Schnee sind gut versteckt. Auch Fuchs und Katze wächst ein wärmendes Winterfell, das dichter ist als ihr Sommerpelz.

Vögel, die nicht in den Süden fliegen und bei uns überwintern, müssen die winterlichen Temperaturen aushalten. An besonders kalten Tagen sitzen sie mit aufgeplustertem Gefieder in Sträuchern, ohne sich zu regen. Mit einem wärmenden Feder-Luft-Mantel umgeben, bewegen sie sich so wenig wie möglich, um ihre Kräfte und Reserven zu sparen. Sie suchen auch die Nähe zueinander, um sich gegenseitig zu wärmen.

Insekten und wechselwarme Tiere wie Frösche, Schlangen, Eidechsen und Schnecken überwintern in einem Zustand absoluter Starre. Ihre Körperflüssigkeit enthält ein Gefrierschutzprotein, das sie vor dem Erfrieren schützt.

Manche Tiere halten Winterschlaf. Sie zehren im tiefen Schlaf von ihren Fettreserven, die sie sich im Herbst angefressen haben. Ihr Stoffwechsel verlangsamt sich und die Körpertemperatur sinkt. So überleben Igel, Hamster, Haselmaus und Siebenschläfer eingekuschelt in ihren Winterhöhlen unbeschadet den langen Winter.

Zusammenrollen, kuscheln und verkriechen

Wir erproben verschiedene Möglichkeiten, uns zu wärmen, und machen es den Tieren nach:

- Wir rollen uns auf dem Boden zusammen wie eine Kugel, entweder mit hochgestrecktem rundem Rücken oder auf der Seite liegend wie eine Haselmaus oder ein Siebenschläfer im Winterschlaf.
- Wir kuscheln unser Gesicht in den gebeugten Arm, spüren den Atem, der unser Gesicht wärmt, wie der Fuchs, der sich zusammenrollt und seine Schnauze in seinem buschigen Schwanz vergräbt, um sie zu wärmen.
- Wir rücken möglichst nah zusammen wie die Vögel und spüren, wie die Körperwärme des anderen uns wärmt. Wer hat es in der Gruppe am wärmsten? Wie viele Kinder passen eng aneinander gekuschelt auf eine Decke?

- Wir wickeln uns in Wolldecken oder in Daunendecken und sind so vor Kälte geschützt wie die Tiere, die einen Pelz oder ein wärmendes Federkleid tragen.
- Wir bauen kuschelige Winterhöhlen und machen es uns dort gemütlich, genau so wie die Tiere, die in Erdhöhlen und anderen Winterbehausungen Schutz vor der Winterkälte suchen.

Wer hält Winterschlaf?

Eichhörnchen überwintern in ihrem selbst gebauten Kobel. Sie halten Winterruhe und schlafen dort immer so lange, bis der Hunger sie zu den Futterverstecken treibt, in denen sie ihre Wintervorräte gesammelt haben.

In die Mitte eines Stuhlkreises bauen wir einen Kobel aus Kissen und Decken, in das sich ein Kind legen und verstecken kann. Ein Kind geht kurz vor die Tür und wartet, bis sich ein anderes Kind in den Kobel zum Winterschlaf eingekuschelt hat.

Die übrigen Kinder singen auf die Melodie von „Schneeflöckchen Weißröckchen“ folgenden Vers:

Nun schlaf schön im Kobel,
wir decken dich zu,
schöne Träume wir wünschen,
für die Winterruh.

Die Kinder im Kreis tauschen schnell ihre Plätze und das vor der Tür wartende Kind wird hereingerufen. Es hat die Aufgabe zu erraten, welches Kind im Kobel Winterschlaf hält. Es darf sich zum Kobel hinabbeugen und mit den Händen vorsichtig unter der Decke tasten, wer das schlafende Eichhörnchen ist. Es kann sich aber auch im Kreis umschauen und erraten, welches Kind fehlt.

Was träumt die Maus in ihrem Nest?

Ich kenne eine kleine Maus.
Die träumt in ihrem Winternest,
in jedem Jahr von einem Fest.
Glockenklang hört sie von fern,
sie hat den Wintertraum so gern.
Sie schnuppert zuckersüße Düfte,
die wehen durch die Winterlüfte.
Ein Hauch von Nelken, Zitrus, Zimt,
die riecht die Maus im Traum bestimmt.
Sie träumt, sie wäre aufgewacht,
schleicht in die Küche mit Bedacht
und könnt von Plätzchen und vom Kuchen
ein winzig Krümelchen versuchen.

Regina Bestle-Körfer

In Wolle dick vermummt

Wärmende Hüllen

Dichtes Fell und feine Daunen

Der beste Schutz vor Kälte ist ein dichter Pelz, wie ihn Tiere tragen, die in Polargebieten bei Eis und Schnee leben. Eisbären, Schlittenhunde und Polarfüchse sind durch ein dichtes, wärmendes Fell vor eisigen Winden geschützt. Auch manchen Tieren, die sich in unseren Wintern im Freien aufhalten, wächst ein wärmendes Winterfell. Wenn wir Menschen an klirrend kalten Wintertagen vor die Haustür treten, brauchen auch wir Wintermäntel aus Wolle, Jacken aus Daunen, Wollschal und Wollmütze, die uns wärmen und vor der Kälte schützen.

Haut

Die Haut ist das größte Organ des Körpers und hat viele wichtige Funktionen. Sie ist empfänglich für verschiedenste Reize und muss atmen können. Bei Kälte ziehen sich die Hautporen zusammen. Durch diese »Gänsehaut« stellen sich die kleinen Härchen auf der Haut auf und sollen eine dünne, wärmende Luftschicht auf der Hautoberfläche halten. Unsere Kleidung, die uns wie eine zweite Haut einhüllt, sollte für Luft und Feuchtigkeit möglichst durchlässig sein. Nur so kann die Haut darunter atmen und unsere Körperwärme auch bei Kälte schützend erhalten.

Was die Haut wärmt

Die Kinder legen aus gesammelten Stoff- und Wollresten (Wolle, Baumwolle, Cordstoff, Watte, Samt, Seide, Glitzerstoffe, Regenjackenstoff usw.) eine Taststraße auf den Boden. Durch Befühlen mit den Händen und Ertasten mit den nackten Füßen erleben die Kinder, welche Stoffe sich auf der Haut eher warm oder eher kalt anfühlen.

Wolle von Tieren und Pflanzen

Die Haare verschiedener Tiere, die sich zum Verspinnen und Weben eignen, werden als Wolle bezeichnet. Der Hauptwolllieferant ist das Schaf. Man unterscheidet verschiedene Wollqualitäten, die von der Haarlänge, Feinheit und Kräuselung abhängen. Merinowolle ist fein, kurzfaserig und stark gekräuselt. Lammwolle ist nicht sehr fest, zart und weich. Das zusammenhängende Wollkleid der Tiere wird gewaschen, in der Spinnerei zu einem Wollfaden versponnen und dann zu einem Wollknäuel aufgewickelt, aus dem wir warme Winterpullover stricken können. Wolle ist hochelastisch, deshalb knitterfest, nimmt viel Feuchtigkeit auf und leitet schlecht Wärme. Man unterscheidet neben Wolle von verschiedenen Tieren (Schaf, Ziege, Kamel, Lama, Kaninchen) auch Wolle aus Pflanzenfasern (Baumwolle, Flachs, Hanf, Jute) und Wolle aus Kunstfasern, die chemisch hergestellt werden. Die Kinder lernen die Wolle von verschiedenen Tieren und Pflanzen kennen, indem sie auf einen großen Plakatkarton verschiedene Wollfäden kleben und dazu das entsprechende Tier bzw. eine Pflanze malen, die wir vorher in einem Bestimmungsbuch betrachtet haben.

- Kaschmirwolle kommt von der Kaschmirziege.
- Mohairwolle kommt von der Angoraziege.
- Alpakawolle kommt von den Lamas.
- Kamelhaarwolle kommt von den Kamelen.
- Angorawolle kommt vom Kaninchen.

Wenn wir die einzelnen Fäden und ihre Knäuel durch unsere Finger gleiten lassen, können wir die Unterschiede fühlen. Welche Wolle ist besonders weich und kuschelig?

Wollknäuelgeschenke

Die Kinder umwickeln einen kleinen Gegenstand (z. B. Kastanie, Nuss, Stein) mit einem langen Wollfaden, bis er in einem Wollknäuel verschwunden ist. 24 Wollknäuelgeschenke können auch zu einem Adventskalender an einen Korkenzieherzweig gehängt und mit Zahlen für jeden Tag des Advents versehen werden. Egal zu welcher Gelegenheit unsere kuscheligen Wollknäuelgeschenke geöffnet werden, das Auswickeln macht immer Spaß.

Weiches Wollschaf

Für unser weiches Wollschaf benötigen wir braune und rohweiße Roh- oder Märchenwolle. In eine ca. 5 cm lange Papprolle stechen wir zunächst 4 Löcher und stecken 4 Stöckchen hinein, die die Schafbeine darstellen. Durch die Papprollenöffnung schieben wir ein Knäuel brauner Wolle, die vorne herausragt und den Kopf unseres Wollschafes darstellt. Die Rolle bekleben wir dann rundum mit heller Wolle, bis unser Schaf ein dichtes Wollkleid hat. Aus braunem Filz schneiden wir die Ohren und kleben sie am Kopf fest. Die Augen kleben wir aus zwei kleinen weißen Holzperlen an, und aus einem weißen Wollfadenstück formen wir ein Schafmaul. Das Schwänzchen müssen wir noch aus einem kurzen Strang Wollfilz drehen und ankleben. Unser Wollschaf fühlt sich in den Händen wohlig weich und wärmend an.

Wollmützenreise

Die Kinder sitzen im Kreis und ein Kind bekommt eine Wollmütze aufgesetzt. Wenn Musik einsetzt, beginnt unsere Mützenreise. Das Kind mit der Mütze darf sie nun dem Kind zu seiner Rechten aufsetzen. Dieses Kind versucht sie so schnell wie möglich wieder loszuwerden und dem nächsten Kind aufzusetzen usw. Immer wenn die Musik für einen kurzen Moment aussetzt, wird geschaut, wer die Mütze gerade auf dem Kopf hat. Dieses Kind gibt ein Pfand ab und die Mützenreise wird fortgesetzt, bis genügend Pfänder zur Pfandeinlösung gesammelt wurden.

Von grauen Tagen

Wenn alles trüb und traurig scheint

Farben und Stimmungen

Im Winter gibt es viele Tage, an denen die Welt hinter grauen Schleiern verschwindet und auch unsere Stimmung grau werden lässt. Vielen von uns fällt es dann schwer, gute Laune zu haben und fröhlich zu sein. Graue Tage warten auf uns, wenn die Sonne es nicht schafft, den Hochnebel zu durchdringen, oder wenn den ganzen Tag Regen aus dicken Wolken fällt. Das Grau eines Wintertages kommt uns noch grauer vor, weil es morgens später hell und am Nachmittag schon früh wieder dunkel wird. Auch wenn wir graue Tage nicht mögen, sind sie dennoch wichtig, um uns für die anderen Farben des Winters sensibel zu machen. Denn auch graue Tage gehen vorüber und machen Platz für die vielen anderen Farben, mit denen der Winter auf uns wartet.

Himmel-Beobachtungs-Station

Eine Fensterscheibe kleben wir mit schwarzem Tonpapier bis auf einen kleinen, etwa DIN A5 großen Ausschnitt, zu. Das ist unser Fenster zum Himmel, durch das wir am Morgen oder immer, wenn wir tagsüber daran denken, den Winterhimmel anschauen können. Ist es ein grauer, trüber Tag? Ändert sich die Farbe des Himmels im Laufe des Tages? Wir malen für jeden Tag Himmelsfarbenkarten, die wir auf einen Bogen Tonpapier neben das Fenster hängen können.

Grauer Spaziergang

Draußen, im Grau eines ungemütlichen Wintertages, suchen wir nach einem Farbtupfer, der uns entgegenleuchtet und fröhlich stimmt, z. B. ein besonders geschmücktes Fenster, das bunte Gefieder eines Vogels, eine leuchtend rote Hagebutte am Strauch oder eine Winterblüte.

Vor meinem Fenster sitzen graue Gespenster.
Sie mögen kein Rot, sie mögen kein Blau,
sie haben am liebsten ein matschiges Grau.

Im Nebel der frühen Morgenstunden
sind draußen alle Farben verschwunden.
Wohin ich auch schau:
nur grau, grau, grau.

Ich fang an zu suchen
bei den Tannen, den Buchen,
in den Sträuchern und Hecken,
ob sie sich da verstecken?

Da seh ich was leuchten im düsteren Grau,
geh vorsichtig näher und schaue genau:
Ein kleiner Vogel mit rotem Gefieder
hüpft in den Zweigen auf und nieder!

Sein fröhliches Rot zaubert Leben ins Grau,
wird der Himmel vielleicht schon ein wenig blau?
Noch sitzen Gespenster in allen Ecken,
doch schon bald wird die Sonne die Farben
aufwecken! *Annemarie Stollenwerk*

Das Grau und die Krähe – eine Mitmachgeschichte

Die Kinder hören die Geschichte und gestalten sie mit Hilfe eines großen Schwungtuchs, verschiedenfarbiger Tücher, einer großen schwarzen Feder und weißer Wattebäusche aktiv mit.

Auf einem winterkahlen Baum saß eine pechschwarze Krähe. Traurig schaute sie ins Grau. Seit Tagen lag ein grauer Schleier über den Häusern, den Feldern und dem Wald. Nichts Buntes oder Fröhliches war zu sehen, nur Grau.

(Ein graues Schwungtuch oder Bettlaken leise auf und ab schwingen, manchmal für kurze Zeit über den Boden breiten.)

Die Krähe breitete ihre Flügel aus und flog los. Irgendwo muss das Grau doch zu Ende sein, dachte sie. Und sie flog bis zum See, dann zurück über die Stadt, am Waldrand entlang und landete wieder auf ihrem Baum. (Tuch auf und ab schwingen; eine große schwarze Feder oder eine aus schwarzem Tonpapier geschnittene Vogelsilhouette wird auf das Tuch gelegt.)

Auf einem Ast blieb sie müde und mutlos sitzen. Sie plusterte ihr Gefieder auf, denn es war kalt geworden. Plötzlich, wie von Zauberhand, begannen leise und still zarte weiße Flocken vom Himmel zu fallen. Erst nur wenige, doch dann immer mehr. (Weiße Daunenfedern oder Wattebäusche auf dem Tuch tanzen lassen.) Das Grau wurde zugedeckt von federleichtem Weiß. (Zu den Schneeflocken kleine weiße Seidentücher legen, die auf und ab schweben, das Tuch dann über den Boden breiten.)

Die Krähe freute sich am Tanz der weißen Flocken. Mit der weißen Schneedecke war die Welt deutlich heller geworden. Nach einiger Zeit hörte es auf zu schneien. Vorsichtig setzte die Krähe ihre Füße in den Schnee und hüpfte munter hin und her. (Mit der Feder oder der Silhouette fröhlich umherwirbeln.)

Am nächsten Morgen lag noch immer Schnee. Doch gleichzeitig schien die Sonne und ließ den Schnee funkeln und leuchten. In tiefem Blau strahlte der Winterhimmel. Fröhlich krächzend genoss die Krähe die farbige Pracht. Die grauen Schleier der vergangenen Tage hatte sie schon längst vergessen.

(Weiße Seidentücher, ein leuchtend gelbes Tuch, viele blaue Tücher, Vogelsilhouette oder Feder auf dem großen Tuch schwingen.)

Es schneit!

Eine Decke für die Erde

Die weiße Pracht

Jedes Jahr im Winter gibt es die besonders grauen Tage, mit ihren schweren, tief hängenden Wolken, an denen manche Menschen den Schnee schon riechen können, bevor die erste Schneeflocke vom Himmel gefallen ist. Wenn es dann endlich schneit und wenn es kalt genug ist, dass die Erde eine Schneedecke erhält, beginnt die weiße Winterwelt alles zu verändern. Eine Stadt im Schnee wird ruhiger. Ein friedlicher, pudriger Schleier legt sich auf Häuser, Straßen und Bäume. Alles wirkt heller und freundlicher. Der Tanz der Schneeflocken lockt auch die größten Stubenhocker nach draußen, macht gute Laune und Lust auf Bewegung im Schnee.

Schneeworte

Die Eskimos in Grönland kennen viele verschiedene Worte für Schnee. Jedes Wort sagt etwas anderes über die Beschaffenheit des Schnees aus. So gibt es jeweils ein eigenes Wort für fallenden Schnee, Schnee, der in großen, fast schwerelosen Kristallen die Erde bedeckt, Schnee, der zu weich ist, um ein Schneehaus daraus zu bauen, hart gepressten, feinkörnigen Schnee, der sich zum Iglubau bestens eignet usw. Auch Kinder können Schnee untersuchen und trocken-leichten Pulverschnee von feucht-schwerem Pappschnee unterscheiden.

- Wir beobachten und befühlen den Schnee, der aus den Wolken fällt: Wie hart sind unsere Schneebälle, mit denen wir uns gegenseitig bewerfen? Ist der Schnee sehr nass oder bleibt unsere Kleidung trocken, wenn wir uns bewerfen?
- Wir erfinden Schneeworte bzw. Vergleiche für den Schnee: Heute ist der Schnee so locker und weiß wie Puderzucker. Oder: Heute ist der Schnee so glitzerig wie viele tausend Edelsteine.

Schneeschmelze

Wir füllen eine Tasse randvoll mit Pulverschnee und lassen sie im warmen Zimmer schmelzen. Wie viel Wasser bildet sich aus dem Schnee der ganzen Tasse? Wie sieht das Wasser aus? Die Kinder werden staunen, dass aus dem weißen Schnee durchsichtiges Wasser geworden ist. Sie können sehen, wie viele Schmutzteilchen im Wasser sind, die sie im Schnee nicht erkennen konnten. Sie werden sich fragen, warum die Tasse nicht bis oben mit Wasser gefüllt ist. Wir erzählen den Kindern von den unsichtbaren Luftpolstern, die in unserer Tasse mit dem Schnee vermischt sind. Pulverschnee hat besonders viele Luftpolster.

Eingeschneit

Der Feldhase lässt sich gerne einschneien, denn die weiße Schneeschicht verbirgt ihn vor seinen Feinden. Aber der Schnee schützt ihn auch vor eisigen Winden. So findet der Feldhase unter dem Schnee einen Wärmeschutz, den auch die Pflanzen in der Erde, die unter der Schneedecke ruhig schlafen, zu schätzen wissen. Wir können ein kleines Experiment machen und dabei erfassen, dass Schnee isoliert und eine Schneeschicht auch wärmen kann. Wenn es geschneit hat und friert, stellen wir zwei mit Wasser gefüllte Gläser ins Freie – eines davon bleibt ungeschützt, das andere stellen wir geschützt in eine kleine Schneehöhle. Was passiert? Auf dem Wasser des ungeschützten Glases bildet sich eine Eisschicht. Wenn das ganze Wasser zu Eis gefriert, kann es das Glas sprengen, denn Eis hat ein größeres Volumen als Wasser. Das geschützte Wasserglas in unserer Schneehöhle hingegen ist eisfrei.

Schon gewusst? Bei einer Lufttemperatur von -17 Grad Celsius bewegt sich die Temperatur unter einem halben Meter Schnee noch um den Gefrierpunkt.

Schneekristalle

Aus weißem Schreibpapier schneiden wir Kreise von ca. 10 cm Durchmesser. Jeden Kreis falten wir zum Halbkreis und diesen in drei gleiche Teile. Auf die Oberseite zeichnen wir ein Schneekristallmuster. Damit aus dem Papier ein Schneekristall entsteht und nicht ein „Deckchen“, muss möglichst viel Papier weggeschnitten werden. Wir falten unser Schnittmuster vorsichtig auseinander und halten einen feinen Schneekristall in Händen, mit dem wir im Winter unser Fenster schmücken können.

Väterchen Frost und die verzauberte Eisprinzessin

In der eisigen Weite des schneebedeckten Landes Neiribis lebte Väterchen Frost. Er war ein alter Mann; seine leuchtenden Augen waren umgeben von vielen kleinen Fältchen und sein weißes Haar schimmerte wie frisch gefallener Schnee im Sonnenlicht. Schon lange lebte er in der Einsamkeit seiner frostigen Welt in einer kleinen Eishütte. Nur sein treuer Gefährte, ein Rentier mit zottelig braunem Fell, leistete ihm schon seit vielen Jahren Gesellschaft. Ohne zu bocken, ließ es sich noch immer vor den Schlitten spannen, während Väterchen Frost es zärtlich zwischen den Hörnern kraulte. Jeden Tag glitt der Schlitten mit Väterchen Frost über den Schnee. Er rauschte vorbei an dick zugefrorenen Seen und von Eis und Schnee bedeckten Hügeln. Er fuhr durch einsame Wälder und endlose Weiten, in denen es nur vereinzelt ein paar Tiere gab. Väterchen Frost genoss jeden Tag aufs Neue die eisige Luft und die friedliche Stille seiner weißen Welt. In einer Dezembernacht fing es heftig an zu schneien und fünf Tage und Nächte schneite es ohne Unterbrechung. Jedes Mal, wenn Väterchen Frost aus dem Fenster schaute, schien das Schneegestöber noch wilder zu sein und die Schneeflocken schienen noch ausgelassener zu tanzen. Doch endlich, am sechsten Tag, ging über Neiribis die Wintersonne auf, die die endlosen Weiten in ihr strahlendes Licht tauchte und den Schnee wie Edelsteine funkeln ließ. Eisig kalt war es, so richtig nach dem Geschmack von Väterchen Frost! Und allerhöchste Zeit, den Schlitten anzuspannen und draußen umherzufahren. Bei seiner fröhlichen Fahrt vernahm Väterchen Frost plötzlich ein klägliches Rufen, erst schwach, doch dann immer stärker. Auch sein Rentier schüttelte unruhig den Kopf und schnaubte aufgeregt. Am Rande einer kleinen Hügelkette ließ Väterchen Frost den Schlitten anhalten. Er kletterte herunter und stapfte durch den hohen Schnee auf eine vom Schnee verwehte Höhle zu, die früher einmal einem Polarfuchs als Versteck gedient hatte. Dort wurde das Rufen und Wimmern immer lauter. Eilig grub Väterchen Frost mit einem kleinen Spaten, den er immer bei sich hatte, eine kleine Öffnung in den Schnee und schaute in die Höhle. Dort stand eine kleine bucklige Gestalt. Sie zitterte am ganzen Körper. Dicke Tränen rollten über ihre Wangen und tropften in den Schnee. »Hab keine Angst!«, sagte Väterchen Frost. »Ich bin Väterchen Frost und wache über die eisigen Weiten von Neiribis. Doch wer bist du und wie kommst du hierher, wo noch nie ein Mensch gewesen ist?« Zögernd und mit ängstlicher Stimme sagte das Wesen: »Ich bin Kristallina, eine verzauberte Eisprinzessin. Der Nordwind hat mich vor langer Zeit mit seinen großen Händen geraubt und in ein hässliches Wesen verwandelt. Er konnte meine eisig glänzende und funkelnde Schönheit nicht ertragen, wenn er im Sturmgebraus über Schnee und Eis fegte. Er hält mich hier in der tiefsten und abgelegensten Höhle versteckt und wacht streng darüber, dass ich nie wieder die klare Schönheit eines eisigen Tages erblicke. Doch heute Nacht musste er die vielen Schneewolken weit nach Süden pusten und bis jetzt ist er noch nicht zurückgekehrt.« »Komm!«, sagte Väterchen Frost. »Steig in meinen Schlitten, ich bringe dich in meine Eishütte.« Vorsichtig zwängte sich die kleine Gestalt durch die Öffnung ins Freie und stand dort wie geblendet. Sie sah den strahlend blauen Himmel; sie spürte, wie die eisige Kälte durch ihren Körper kroch und wandte ihr Gesicht der leuchtenden Wintersonne zu. Und plötzlich, wie von Zauberhand, reckte und streckte sich die kleine bucklige Gestalt. Sie wuchs in die Höhe, ihr Gesicht verwandelte sich in einen riesigen, funkelnden Eiskristall. Blaue Augen strahlten aus dem Gesicht und ihr Haar knisterte und leuchtete voller Raureif. Sie trug ein Kleid aus Eis und Schnee, in dem die kleinen Kristalle wie Diamanten im Sonnenlicht funkelten. Doch am schönsten war das Geräusch, das bei jeder ihrer Bewegungen zu hören war: ein feines Klingen und Tönen, wenn die Eiskristalle aneinander schlugen. Kristallina begann zu tanzen und zu hüpfen, sie drehte sich im Kreis bis ihr schwindelig wurde und sie lachend und erschöpft in den Schnee sank. Auch Väterchen Frost lachte, und selbst das Rentier wackelte mit seinem Geweih und scharrte vor Begeisterung mit den Hufen. Gemeinsam glitten sie mit dem Schlitten durch die eisige Weite, bis sie bei der Eishütte angelangt waren, in der Väterchen Frost wohnte. Als Kristallina über die Schwelle des Hauses trat, verwandelte sich die einfache Hütte in einen prächtigen Palast aus Eis und Schnee. Seit diesem Tag wachen Kristallina und Väterchen Frost gemeinsam über die eisigen Weiten des schneebedeckten Landes Neiribis und dem Nordwind ist es nie wieder gelungen, Kristallina zu rauben.

Annemarie Stollenwerk

Väterchen Frost und die Eisprinzessin basteln

Wir suchen nach geeigneten Stöcken für den Körper, z. B. Äste mit zwei Seitenarmen, und bemalen sie weiß. Aus transparenten Stoffresten schneidern wir ein Kleid, legen es um den bemalten Ast und binden es mit Bändern fest. Das Gesicht kann ein Stück weiß bemalte Baumrinde sein. Für die Haare legen wir weiße Wollreste in Wasser, drücken sie aus und lassen sie gefrieren. An den Armen befestigen wir mit dünnen Bändern Eiswürfel oder Eisstücke, die im Wind frostig klimpern.

Spuren im Schnee

Erkundungen in der Winterwelt

Fährten lesen

Auf einer geschlossenen Schneedecke lassen sich Spuren lesen wie spannende Geschichten. Spuren von Tieren im Schnee verraten, welchen Lebensraum sie bevorzugen und welche Wege zur Nahrungssuche sie im Winter gehen. Feldhasen halten sich gerne in der Nähe von Hecken auf, Rehwild bevorzugt Waldränder, und Dachse stromern gerne übers freie Feld. Mit geschultem Blick lässt sich an den Schneespuren ablesen, wie eilig es die Tiere hatten.

- Fuchsspuren sind leicht zu erkennen. Wie eine Perlenschnur reihen sich ihre Pfotenabdrücke in gleichmäßigem Abstand aneinander, wenn er es nicht eilig hatte. Er tritt dann mit den Hinterpfoten genau in die Abdrücke der Vorderpfoten hinein. Ist der Fuchs auf der Flucht, hinterlässt er nebeneinander liegende Pfotenabdrücke.
- Feldhasen bewegen sich oft in großen Zickzacklinien vorwärts. Um Verfolger zu verwirren und abzuschütteln, legen sie manchmal geschickt Blindspuren. Sie laufen dann auf ihrer eigenen Spur zurück, machen einen Satz zur Seite, um versetzt zur ersten Spur weiterzuspringen, dann wieder ein Stück zurückzulaufen usw. Nur ein geschulter Fährtensucher erkennt hier die Spur eines einzigen Hasen, auch wenn es wie das Ineinander vieler Hasenfährten aussieht.
- Die Trippelspur einer kleinen Spitzmaus verliert sich plötzlich im Schnee, wenn sie ein rettendes Loch in der Erde gefunden hat.

Im Wald oder auf dem Feld gehen wir auf Spurensuche und auf einer noch unberührten Schneedecke machen wir es den Tieren nach: Wir tippeln klitzekleine Schrittchen auf Zehenspitzen wie die Haselmaus oder wir springen Zickzackspuren wie die Feldhasen oder wir gehen eine schnurgerade Spur, wie es die Füchse machen, wenn sie durch den Schnee spazieren gehen.

Spurensuche

In einem frisch beschneiten Garten spielen wir im unberührten Weiß ein Suchspiel. Ein Kind sucht sich im Garten ein Versteck. Es kann die Spurensucher verwirren, indem es ein paar Schritte rückwärts in den eigenen Spuren geht, um dann eine andere Spur anzulegen. So legt es mehrere falsche Fährten. Die Spurensucher lassen wie beim Versteckspielen etwas Zeit verstreichen, bevor sie versuchen, das Versteck des Kindes anhand der Fußspur aufzuspüren.

Fuchsjagd

Zwei Mannschaften wählen jeweils einen Fuchs aus, der von der gegnerischen Mannschaft gefunden werden muss. Beide Füchse ziehen unbeobachtet zusammen los, trennen sich kurz und versuchen, ihre Spuren auch wieder zu durchkreuzen. Sie können nebeneinander laufen oder hintereinander gehen und eine gemeinsame Spur anlegen. Sie verstecken sich in getrennten Verstecken und warten auf ihre Verfolger. Die Verfolger müssen mit Hilfe der unterschiedlichen Sohlenabdrücke den Fuchs der gegnerischen Mannschaft ausfindig machen.

Wer findet den Schneehasen?

Ein weißer Schneehase oder ein anderes weißes Kuscheltier wird im verschneiten Garten versteckt. Wer das Tier anhand der Kinderspur zuerst findet, darf es als Nächstes im Schnee verstecken.

Spuren in den Schnee gemalt

- Im frisch gefallenen Schnee machen wir den Abdruck von einem Schnee-Engel, indem wir uns mit geschlossenen Beinen auf den Po fallen lassen, uns auf den Rücken legen, die Arme ausbreiten und diese wie Flügel auf und ab bewegen.
- Wir können unseren Schnee-Engel mit Naturmaterialien wie Steinchen, Zapfen, Zweigen usw. belegen oder mit geriebener Straßenmalkreide in verschiedenen Farben berieseln. Unser Schneebild kommt auf seinem weißen Hintergrund besonders gut zur Geltung. Wir können uns noch viele Bildmotive ausdenken, sie mit Stöcken in den Schnee malen oder mit den Füßen stampfen und wie den Schnee-Engel auf verschiedene Arten ausgestalten.
- Die Kinder können auch spannende Fußspuren im Schnee hinterlassen, indem sie die Sohlen ihrer Gummistiefel mit Fingerfarbe einpinseln und bunte Spuren im Schnee laufen und stampfen. So können kunterbunte Muster, Spiralen, Kreise, Vierecke usw. entstehen. Vielleicht springen die Kinder mit ihren farbigen Stiefelsohlen auch eine gelbe Sonne in den weißen Schnee?

Spurenhüpfspiel

Für dieses Hüpfspiel brauchen wir als Spielfeld ein großes, weißes Bettlaken zum Bedrucken. Dann suchen wir in Naturbüchern nach Tierspuren, die auf dem Fotokopierer vergrößert werden können. Diese vergrößerten Vorlagen werden ausgeschnitten und auf Moosgummiplatten gelegt. Von jeder Tierspur schneiden wir je ein Paar Moosgummiumrisse aus, die mit doppelseitigem Klebeband auf dickeren Kork geklebt werden. Die Korkränder dürfen ruhig etwas überstehen, denn beim anschließenden Stempeln mit den unterschiedlich eingefärbten Moosgummispuren überträgt sich nur die eingefärbte Fläche auf das Bettlaken.

Jede Tierspur wird jetzt kreuz und quer auf das Bettlaken gestempelt, genau so, als ob ein Tier darüber gelaufen wäre. Es entstehen Überschneidungen und Kreuzungen, und das so entstandene Spurengewirr macht das anschließende Spiel erst richtig interessant. Jede Spur endet an einer anderen Stelle am Bettlakenrand.

Wenn alle Spuren getrocknet sind, ist das Spielfeld fertig. Am Spielfeldrand mündet jede Spur in ein kleines Schüsselchen mit Leckereien. Am Ende der Hasenspur steht beispielsweise ein Schüsselchen mit Möhren oder Kohlrabi, für die Eichhörnchen gibt es Nüsse, für die Vögel Sonnenblumenkerne usw. Die Kinder dürfen nun über das Spielfeld hüpfen wie ein Tier, sie verfolgen dabei eine Spur und freuen sich am Ende der Spur über eine kleine Leckerei.

Von kalten Gestalten

Schneemanngeschichten

Schneemann Max in Nöten

Mitten im verschneiten Garten steht Schneemann Max und macht ein trauriges Gesicht. Lena und Florian haben ihn heute Vormittag gebaut. Jetzt sitzen sie gemütlich im Haus, um sich aufzuwärmen, und Schneemann Max muss in der Kälte stehen und frieren. Max spürt, wie ihm ein kalter Schauer über den weißen Rücken läuft und wie es sich in seinem Inneren eiskalt anfühlt. Auch sein Schneemanngesicht ist schon ganz blass: „Ich werde mich erkälten", jammert Max still vor sich hin.
Lena und Florian stehen hinter der Fensterscheibe und schauen stolz auf ihren Schneemann Max. Florian sagt lachend: „Max ist der schönste Schneemann, den wir jemals gebaut haben." „Hat unser Schneemann gerade geniest?", fragt Lena erstaunt. „Ich habe gesehen, wie es ihn geschüttelt hat!" „Du spinnst, Lena", spottet Florian, „Schneemänner haben doch keinen Rotz in der Mohrrübennase." Lena macht sich Sorgen um Schneemann Max, er sieht irgendwie traurig und erkältet aus. Sie läuft in den Keller, holt Papas alte Strickjacke, in die die Wintermäuse schon Löcher geknabbert haben und geht in den Garten. Sie streichelt und tätschelt Max an Bauch und Kopf. Behutsam legt sie Max die Jacke über die Schultern und geht ein wenig besorgt ins Haus zurück.
Am Abendbrottisch fragt Lena: „Haben Schneemänner auch rotes Blut in den Adern?" Sie möchte gerne wissen, ob ein Schneemann innen drin aussieht wie ein Mensch.
Florian findet Lenas Frage schön dumm und dann lacht er so gemein, dass er in sein Zimmer muss.
In der Nacht fegt der Wind eiskalt ums Haus und Lena hört vom Garten her ein Röcheln und Husten. Sie springt aus ihrem Bett und ist sofort hellwach: „Max ist in Nöten und braucht dringend Hilfe." Sie nimmt ihren Arztkoffer aus dem Regal und ihren dicken Wollschal aus dem Kleiderschrank. Sie zieht ihren Schneeanzug an, und während ihre Familie längst schläft und träumt, kümmert sich Lena um Max. Sie öffnet die Terrassentür und stapft mit einer

Taschenlampe und mit ihrem Koffer durch den Schnee. Max schaut Lena mit dankbaren Augen an, als sie ihm den warmen Schal um den Hals wickelt. Dann steckt sie ihm das Fieberthermometer in den Mund. „Fieber hast du nicht, zum Glück“, tröstet ihn Lena, „aber dein Husten hört sich nicht gut an!“ Sie gibt Max einen Löffel Hustensaft, den Süßen, den sie selber so gerne mag. „Gute Besserung, lieber Max“, flüstert Lena in sein Ohr. Dann geht sie ins Haus zurück und legt sich beruhigt wieder in ihr kuscheliges Bett. Der nächste Morgen ist ein schöner, heller aber bitterkalter Wintertag. Lena und Florian laufen in ihren Schlafanzügen zum Wohnzimmerfenster und schauen, was Max macht. Sie reiben sich die Augen, weil sie nicht glauben, was ihre Augen da sehen. Max hat über Nacht Besuch bekommen. Er strahlt über beide Schneemannbacken, denn dicht an ihn gekuschelt steht da eine Schneefrau mit einem glänzenden Schneekleid und einer eisig glitzernden Schneekrone. Sie hat zärtlich den Arm um Max gelegt und hält ihn warm.
Was für ein Glück für Schneemann Max, der jetzt wirklich nicht mehr frieren muss, weil er Flöckchen, die Schneefrau, gefunden hat. Seit diesem Tag bauen Lena und Florian, wenn es wieder einmal geschneit hat, immer einen Schneemann und eine Schneefrau in ihrem Garten.

Regina Bestle-Körfer

Schneemann und Schneefrau

Text: Wolfgang Hering, Melodie: Bernd Meyerholz

4. Da steht er unser Schneemann ganz einsam und allein.
Er schaut mit seinen Augen wohl etwas traurig drein. (2x)
5. Wir bauen ihm eine Schneefrau, weil ihn das sicher freut.
Sie halten sich die Hände und steh'n nun da zu zweit. (2x)
6. Doch da kommt die Sonne heraus aus dem Versteck.
Und das schöne Liebespaar, das schmilzt ganz einfach weg. (2x)

Wärmendes Feuer

Gemeinschaft erfahren

Lüttenweihnacht

Im alten Volksglauben ist die Heilige Nacht für Mensch und Tier eine besondere Nacht: In dieser Nacht können die Tiere sprechen und die Menschen können die Sprache der Tiere verstehen. In ländlichen Regionen wurden in der Mitternachtsmette Heubündel gesegnet. Am Morgen des ersten Weihnachtstages wurde dieses »Mettenheu« an die Tiere im Stall verfüttert.

Stabpuppenspiel

Mit Stabpuppen spielen wir die folgende Geschichte nach. Dazu schneiden wir die Figuren der Geschichte aus festem Karton und befestigen sie an dünnen Holzlatten oder Stöcken. Als Kulisse dient ein Bild, auf dem der Wohnwagen, Wald und Feld und das Feuer zu sehen sind. Mit den Stabpuppen können wir die Geschichte beim Vorlesen direkt mitspielen oder mit verteilten Rollen und den dazugehörigen Dialogen nachspielen.

Eine besondere Nacht

Am Rande der Stadt wohnt in einem verwitterten Wohnwagen der alte Schäfer Jakob. Mit seiner Frau Martha und dem Schäferhund Charly lebt er schon lange hier. Tag für Tag kümmert er sich um eine große Herde aus wolligen weißen und schwarzen Schafen. Die Tiere kennen ihn und sie vertrauen ihm. Jeden Morgen heben sie ihre Köpfe und blöken ihm freudig zu, wenn er die Tür des Wohnwagens öffnet.

Es ist Weihnachtszeit. Am Heiligen Abend entzündet Jakob wie jedes Jahr draußen ein fröhlich flackerndes Feuer. Die hellen Flammen hüllen die Schafherde und den alten Wohnwagen in ein warmes, goldenes Licht. Es ist sehr kalt geworden. Die Schafe sind dicht zusammengerückt und wärmen sich gegenseitig. Plötzlich werden sie unruhig. Auch Charly zerrt an seiner Leine und bellt laut. „Was ist denn nur los?", denkt Jakob. Da blökt ein schwarzes Schaf: „Ich höre schleichende Schritte!" Jakob lauscht, und erst dann wird ihm klar, dass eines seiner Schafe gesprochen hat. Völlig verwirrt ruft er nach seiner Frau: „Martha, komm schnell. Ich kann die Schafe reden hören!" In eine dicke, warme Jacke gekuschelt klettert Martha aus dem Wohnwagen.
„Was erzählst du denn da!", sagt sie. Doch dann hört sie es selbst: Die Schafe sprechen miteinander und sie fürchten sich! Es raschelt im Gebüsch, Schritte kommen näher. Vorsichtig schleicht ein Fuchs mit seinen Jungen auf das Feuer zu, ohne Charly aus den Augen zu lassen, der immer noch laut bellt.
„Meine beiden Jungen haben eiskalte Pfoten. Wir frieren schon den ganzen Tag. Können wir uns an

eurem Feuer ein wenig aufwärmen?", bittet er. Jakob und Martha sehen sich erstaunt an. „Sicher könnt ihr euch hier aufwärmen!", sagt Jakob. „Unser Feuer ist hell und wärmt uns alle." Die jungen Füchse kuscheln sich dicht an ihre Mutter. Die wohlige Wärme des Feuers dringt in ihr Fell. Zufrieden schließen sie ihre Augen. Kurze Zeit später werden die Schafe erneut unruhig. Charly wedelt aufgeregt mit dem Schwanz und hält seine feine Nase in die eiskalte Nachtluft. Zwei Hasen hoppeln mit ängstlich zitternden Barthaaren auf das Feuer zu. Als sie den Fuchs sehen, schlagen sie Haken und verkriechen sich unter dem Wohnwagen. Martha geht zu ihnen. „Wolltet ihr euch auch ein wenig wärmen?", fragt sie. „Ja", antworten die Hasen, „wir können den Eingang zu unserem Bau nicht mehr finden. Von weitem haben wir das Feuer leuchten sehen und sind hierher gehoppelt, um uns aufzuwärmen. Doch der Fuchs wird uns fressen, wenn wir nur in seine Nähe kommen." „Euch wird nichts geschehen", verspricht Martha. „In dieser Nacht scheint alles anders zu sein als sonst: Wir können miteinander sprechen, wir teilen das Licht und die Wärme des Feuers miteinander; da werden auch Fuchs und Hase sich vertragen." Vorsichtig nähern sich die Hasen dem Feuer, angespannt beobachten sie dabei die anderen Tiere. Doch schon bald lässt sie die wohltuende Wärme ihre Angst vergessen. Es ist spät geworden. Die Tiere und auch Jakob und Martha sind müde geworden. Über ihnen breitet ein funkelnder Sternenhimmel seine leuchtende Decke aus.

Plötzlich ertönt aus dem Dunkel des Waldes ein schauriges Heulen. Alle halten den Atem an und lauschen ins Dunkel. Das unheimliche Geräusch scheint immer näher zu kommen. „Ich glaube, es ist ein Wolf", murmelt Jakob. „Ich weiß nicht, wie nahe er sich herantrauen wird." Sogar Charly drängt sich schutzsuchend zwischen Jakob und Martha. Langsam kommt eine dunkle Gestalt auf das Feuer zu. Mit heiserer Stimme flüstert ein großer, grauer Wolf: „Ich kann kaum noch laufen. Ich habe mir die Pfote am Dornengestrüpp aufgerissen, als ich auf der Suche nach einem warmen Plätzchen für die Nacht war. Ich möchte ganz friedlich bei euch am Feuer liegen, meine Pfote lecken und mich ein wenig ausruhen." „Komm nur", sagen Jakob und Martha, „die Wärme wird dir gut tun. In dieser besonderen Nacht ist unser Feuer ein Ort von Wärme, Frieden und Geborgenheit."

Am nächsten Morgen glüht das Feuer noch. Jakob sieht nach seinen Schafen, die leise blökend beieinander stehen. Der Wolf, die Füchse und die Hasen sind nicht mehr zu sehen. Alles ist so wie immer, nur die Glut des Feuers erinnert an diese besondere Nacht, die Menschen und Tiere einander nähergebracht hat.

Annemarie Stollenwerk

Von Nadeln und Zapfen

Naturmaterial aus dem Winterwald

Tannen, Fichten und Kiefern

Nadelbäume sind in Gebieten mit kühlem Klima verbreitet. Sie haben ihren Namen von ihren schmalen, harten Blättern, die spitz zulaufen. Die Nadelbäume in unseren Breiten sind von hohem, schlanken Wuchs; bei fast allen gibt es einen starken, geraden Hauptstamm, von dem regelmäßig Seitenäste abzweigen. Tanne war früher eine umfassende Bezeichnung für die bedeutendsten Nadelbäume im Wald: Tanne, Fichte, Kiefer. Der botanische Name der Nadelbäume lautet ›Coniferae‹, Zapfenträger, denn alle Nadelbäume besitzen zapfenförmige Blüten- und Fruchtstände. Bei Tannenbäumen sitzen die Zapfen aufrecht am Zweig und zerfallen dort, wenn sie reif sind. Was wir als Tannenzapfen bezeichnen, sind meistens Fichten- oder Kiefernzapfen. Fichtenzapfen sind weicher und biegsamer als die der Kiefern und fallen ab, sobald die Samen ausgestreut sind. Wenn Zapfen sich neu entwickeln, sind sie zuerst ganz weich und nur etwa erbsengroß. Nach der Bestäubung wächst der Zapfen und verholzt allmählich; dadurch erhält er seine charakteristische Form und Färbung.

Abdrücke von grünen Zweigen

Wir schauen uns die Nadeln von verschiedenen Bäumen an, z. B. von Kiefer, Tanne, Fichte. Wie sitzen die Nadeln am Zweig? Sind sie samtig glänzend, grau oder stumpf? Wie fühlen sie sich an? Sind sie weich und biegsam zwischen den Fingern, prickelnd oder pieksend? Duften sie, wenn wir sie zwischen den Fingern zerreiben? Bleibt Harz an unseren Fingern kleben?
Mit einem Pinsel oder unseren Fingern streichen wir Finger- oder Temperafarbe auf kleine Nadelzweige und drucken sie auf festes Papier oder Briefkarten. Geschmückt mit goldenen Sternchen können wir unsere Abdrücke als Weihnachtskarten verschicken.

Kälteexperiment mit Nadeln und Blättern

Wir nehmen kleine Nadelzweige von verschiedenen Nadelbäumen und legen sie zusammen mit Salatblättern auf ein altes Backblech. Dieses Blech stellen wir an einem frostig kalten Tag nach draußen und beobachten, was mit den Nadeln bzw. den Blättern passiert: Die Kälte lässt die im Salatblatt enthaltene Feuchtigkeit gefrieren, die Blätter erfrieren. Den Nadeln kann der Frost nichts anhaben; Nadeln haben winzige Öffnungen, durch die Feuchtigkeit entweichen kann, außerdem sind sie mit einer feinen Wachsschicht überzogen, die vor Kälte und Frost schützt.

Nadelwald

Wir sammeln draußen Tannen- und Fichtenzweige und lassen sie im Warmen trocknen; nach einiger Zeit lösen sich die Nadeln von den Zweigen. Schon ein einziger Zweig hinterlässt eine ganze Menge pieksender, trockener Nadeln. Auf weißen oder farbigen Fotokarton malen wir mit Kleister verschieden große Tannenbäume auf und bestreuen den noch nassen Kleister mit den Nadeln. Sind die Tannenbäume trocken, schneiden wir sie aus und arrangieren sie an der Wand zu einem Nadelwald. In und zwischen die Bäume kleben wir selbst gestaltete Tiere aus Papier oder bemalten Naturmaterialien, z. B. Vögel aus kleinen Tannenzapfen oder ein Eichhörnchen aus Zapfen und Reisig. Mit weißer Watte können wir dem Nadelwald noch ein winterliches Gewand geben.

Schneekugeln im Nadelkleid

Wenn es draußen geschneit hat, formen wir verschieden große Kugeln aus Schnee und wälzen sie anschließend in einer Schüssel mit Nadeln. Mit den benadelten Schneebällen können wir Schneemannfamilien bauen oder Bäume und Sträucher dekorieren, indem wir die Kugeln einfach auf kleine, stabile Äste stecken.

Zapfensammelsurium

In Parkanlagen oder im Wald gehen wir auf Zapfensuche. Auf einer Decke oder einem alten Bettlaken breiten wir unsere Fundstücke aus. Es gibt ganz kleine und sehr große Zapfen, manche hängen noch – verbunden mit einem Stückchen Ast – aneinander, etwa die Lärchenzapfen, andere sind voller Harz, das an unseren Händen kleben bleibt, wieder andere sind abgebrochen, manche zeigen Fraßspuren von Tieren. Das Eichhörnchen, der Specht und viele andere Vögel knabbern im Winter gerne die Samen, die zwischen den Schuppen des Zapfens verborgen sind. Wenn wir genau hinschauen, entdecken wir, dass sich die einzelnen Schuppen der Zapfen wie eine Spirale um das Innere des Zapfens anordnen. Mit Hilfe eines Bestimmungsbuches versuchen wir, die Zapfen den jeweiligen Bäumen zuzuordnen.

Förster und Holzdiebe

Wir bilden einen großen Kreis. In der Mitte des Kreises steht ein Kind als Förster. Um ihn herum liegen viele Zapfen. Auf ein Zeichen hin versuchen alle anderen als Holzdiebe, dem Förster möglichst viele Zapfen zu stehlen. Der Förster versucht, die Holzdiebe dabei mit einem kleinen weichen Ball abzutreffen. Gelingt ihm das, muss der ertappte Holzdieb alle Zapfen fallen lassen und sich wieder auf die Kreislinie stellen.

Geschmückte Duftzapfen

Wir sammeln große Kiefernzapfen und lassen sie im warmen Raum trocknen, damit sich ihre Schuppen weit öffnen. Zwischen die Schuppen stecken wir kleine Zweige von Buchs, Wacholder, Tanne oder Kiefer, außerdem noch Nelken, Sternanis, kleine Stücke Zimtstange, getrocknete Orangenscheiben etc. Anschließend umwickeln wir den Zapfen vorsichtig mit feinem Golddraht oder goldenem Engelshaar um zu verhindern, dass die Füllung aus den Zapfen herausrutscht.

Die Farben des Winterhimmels

Reif und Tau machen den Himmel blau

Intensive Farben und klare Konturen

Ein Wintertag mit einem strahlend blauen Himmel und leuchtendem Sonnenschein ist ein Fest für die Sinne. Ist die Welt gleichzeitig noch in Schnee gehüllt, erstrahlt ein Blau mit so intensiver Leuchtkraft, dass wir die Augen zukneifen müssen. Unser Blick verliert sich scheinbar im Unendlichen des blauen Himmels. Gleichzeitig empfinden wir das Blau wie ein Zelt, das sich schützend über uns spannt und uns Geborgenheit schenkt. Im Blau sind die Konturen von Bäumen, Wäldern und Bergen besonders gut zu erkennen. An solch klaren Tagen haben auch Sonnenauf- und Untergang ihren besonderen Zauber, denn oft erstrahlt der Himmel in wunderschönen Rot- und Rosatönen. Bei hoher Luftfeuchtigkeit in der Höhe des Himmels bricht sich das Sonnenlicht in den Eiskristallen, die in den Wolken sitzen, und färbt den Himmel flammend rot. Geschieht das am Morgen, steht uns Regen oder Schnee bevor.

Tuchschaukel unter blauem Himmel

Wir fassen gemeinsam ein Bettlaken oder eine Decke, auf der es sich ein Kind gemütlich gemacht hat, an zwei Seiten. Mit sanften oder auch etwas kräftigeren Bewegungen schaukeln wir das Kind unter dem blauen Himmel hin und her, auf und ab. Hat es genug geschaukelt und das viele Blau genossen, ist das nächste Kind an der Reihe.

Abdrücke von Ästen

Vor dem Blau des Winterhimmels kommt das Geäst der Bäume besonders gut zur Geltung. Wir breiten auf dem Boden Bögen von blauem Tonpapier oder Fotokarton aus und stellen braune und weiße Finger- oder Temperafarbe bereit. Zuvor gesammelte, weiche Ästchen (z. B. Birkenreisig oder Tannenzweige) bestreichen wir mit Fingern oder Pinsel dick mit Farbe und schlagen sie dann kräftig auf das blaue Papier. Mit den verschiedenen Astabdrücken schmücken wir die Wände.

Das Himmelsblau einfangen

Jedes Kind erhält eine quadratische Spiegelfliese (gibts im Baumarkt) und gemeinsam versuchen wir, mit diesem Spiegel das Blau des Himmels einzufangen: reines Blau, Blau vermischt mit kleinen weißen Wölkchen, dunkle Äste vor blauem Winterhimmel, verschneite Zweige etc. Achtung: Nicht in die Sonne blicken oder die gespiegelte Sonne auf die Augen anderer Kinder lenken!

Als Spielvariante können wir einen großen Spiegel oder die Spiegelfliesen draußen auf einen Tisch legen. Wir betrachten das Blau des Himmels, wie es sich in den Fliesen spiegelt, und versuchen, mit Tempera- oder Fingerfarben die verschiedenen Blautöne zu mischen und auf ein Blatt Papier zu übertragen. Wie nuancenreich zeigt sich das Blau? Verändert es seine Intensität im Lauf des Tages?

Winterblaue Wolkenpost

Aus blauem Seiden-, Strohseiden oder Bananenpapier reißen oder schneiden wir verschieden große Wolken. Wir bekleben sie mit feinen Wattefetzen, bemalen sie mit weißer Farbe oder schreiben mit einem weißen Stift winterblaue Worte auf die Wolken. Diese Wolkenpost können wir – auf eine Karte geklebt – an liebe Menschen verschicken oder an dünnen Fäden an der Zimmerdecke oder an Zweigen schweben lassen.

Ein Rahmen für den Winterhimmel

Aus festem, weißem Karton schneiden wir beliebig große Rahmen mit breitem Rand aus. Wir bemalen und gestalten diese Rahmen, z. B. mit winterlichen Motiven, mit verschieden blauen Papierschnipseln oder mit Materialien aus der Natur wie Steinchen, Reisig, Moos und Rinde. Wenn wir unsere Rahmen gegen den blauen Winterhimmel halten, können wir uns unser persönliches Stück Himmel einrahmen und genießen! Wir können die Rahmen aber auch an eine Fensterscheibe kleben und durch sie hindurch den Winterhimmel zu verschiedenen Tageszeiten anschauen.

Tanzen im Blau

Wir schmücken uns mit leuchtend blauen Tüchern oder Umhängen, schminken unsere Gesichter winterhimmelblau und tanzen durch das Blau eines klaren Wintertages. Zur Melodie von »ABC, die Katze lief im Schnee« können wir dabei folgenden Text singen:

Blau, blau, blau, ein Himmel voller Blau,
ich mag tanzen, lachen, springen,
himmelblaue Lieder singen,
blau, blau, blau, ein Himmel voller Blau.

Am Ende eines blauen Tages

Mit zwei großen, dunkelblauen Tüchern spielen wir den Sonnenuntergang. Auf eines der Tücher legen wir einen roten oder rosafarbenen Luftballon, den wir mit gleichfarbigen Krepppapierbändern beklebt haben. Einige Kinder fassen dieses Betttuch und lassen es sanft auf und ab wehen, sodass der Ballon mit den flatternden Bändern auf und ab tanzt. Die Sonne steht noch am blauen Himmel und zeigt ihre intensive Färbung. Eine weitere Gruppe Kinder fasst das zweite Betttuch und breitet es nach einiger Zeit über die Sonne, sodass sie nicht mehr zu sehen ist. Gemeinsam lassen wir beide Tücher gleichzeitig auf und ab wehen. Der Tag ist zu Ende und die Nacht naht. Mit leiser meditativer Musik können wir eine schöne Sonnenuntergangsstimmung nachempfinden.

Blühendes im Winter

Pflanzenpracht in rauer Zeit

Die ersten Blüten

Das Wachsen und Blühen von Pflanzen und Blumen können wir während des Winters, mit wenigen Ausnahmen, nur in der Wärme des Hauses beobachten. Wer jedoch mit wachen Augen durch die winterliche Natur geht, findet einige wenige Winterblüher, die bereits im Januar ihre neue Kraft zum Blühen zeigen. Die Sehnsucht nach Grünem und Blühendem ist in der dunklen Zeit des Jahres besonders groß. Barbarazweige, die am 4. Dezember ins Wasser gestellt werden und zu Weihnachten blühen, drücken die Sehnsucht der Menschen nach dem Wiedererwachen der Natur aus.

Wintergeheimniszwiebeln

Um die Hoffnung auf Licht, Blütenduft und Buntheit auch in der dunkelsten Nacht des Jahres zu spüren, werden in der Adventszeit gerne Blumenzwiebeln in einen Topf mit Erde gesteckt. Daraus entwickeln sich innerhalb weniger Wochen Blumenpflanzen, die den Weihnachtsabend mit ihrer Blütenpracht verzaubern. Hyazinthenzwiebeln sind wegen ihres betörenden Duftes sehr beliebt, Amarylliszwiebeln wegen ihrer üppigen, großartigen Blüte. Niemand weiß, welche Blütenfarbe sich in der unscheinbaren braunen Zwiebel verbirgt.

In einem kleinen Korb liegen verschiedene Blumenzwiebeln. Jedes Kind darf sich eine Zwiebel aus dem Korb nehmen, diese in den Händen halten und von allen Seiten betrachten. Jedes Kind beschreibt seine Blumenzwiebel: Ist sie groß oder klein, braun oder weiß? Entdecke ich grüne Spuren an meiner Blumenzwiebel? Wo ist oben und unten? An welcher Stelle wächst wohl das Grün und später die Blüte? Wo werden die Wurzeln sprießen, die Halt in der Erde suchen? Was braucht meine Blumenziebel zum Wachsen und Blühen?

Wir denken uns einen Zauberspruch aus, der unsere braune, unscheinbare Wintergeheimniszwiebel aus dem Winterschlaf weckt, damit sie zum Weihnachtsfest blüht: Hirbel, Zwirbel

Zwiebelschatz, in deinem braunen Erdenplatz soll's platzen und wachsen! Hokuspokus Spiegelei, Blumenzwiebel spring entzwei!

Wir pflanzen Wintergeheimniszwiebeln in Tontöpfe mit Erde, stellen sie an einen hellen Fensterplatz und gießen sie regelmäßig. Wir beobachten, wie die Zwiebel ihr Wintergeheimnis im warmen Zimmer innerhalb weniger Wochen lüftet.

Wir machen einen Ratewettbewerb. Jede eingepflanzte Zwiebel bekommt eine Rätselkarte, auf die jedes Kind seinen Namen schreibt und eine Farbe neben den eigenen Namen malt. Wer hat die Blumenfarbe der erblühten Wintergeheimniszwiebel richtig geraten?

Körperpantomime

Die Kinder können das Ruhen einer Blumenzwiebel in der Erde, ihr Aufplatzen und Wachsen als Körperpantomime nachempfinden. Jedes Kind sucht sich einen Platz im Raum, kniet sich auf den Boden, macht den Rücken rund und vergräbt den Kopf in den Armen. Alle Kinder sind jetzt klein und eingepackt wie eine Blumenzwiebel, die in der Erde ruht. Wir atmen mehrmals ruhig ein und aus und folgen den Anweisungen:

„Stell dir vor, du bist eine Blumenzwiebel, die in einen Topf mit Erde gepflanzt wurde. Kannst du spüren, wo oben und unten ist, wo die Wurzeln wachsen werden und wo das Grün hervorplatzen wird? Bewege deine Zehen ein wenig auf und ab und stelle dir vor, dass aus deinen Fußsohlen kleine Wurzeln wachsen. Jetzt kannst du deine Hände vorne auf dem Boden aufstützen und in die Hocke kommen. Deine Blumenzwiebel hat nun Wurzeln geschlagen und ist mit der Erde fest verbunden. Sie gibt dir Halt und Kraft zum Wachsen. Langsam, ganz langsam wächst aus deiner braunen Zwiebelschale ein kleiner grüner Stängel. Du richtest dich langsam auf, zuerst die Beine und allmählich streckt sich auch dein Oberkörper in die Höhe, nur der Kopf ruht noch gebeugt mit dem Kinn auf der Brust. Jetzt wachsen aus dem grünen Stängel noch grüne Blätter. Du hebst deine Arme in die Höhe und gleichzeitig öffnet sich die Knospe deiner Blume zu einer wunderschönen Blüte. Deine Arme und dein Kopf strecken sich zum Himmel aus. Die Arme führst du über deinem Kopf zusammen und breitest sie ein wenig aus. Deine Arme haben sich wie grüne Blätter schützend über deiner Blüte ausgebreitet."

Am Ende der Blumenpantomime erzählt jedes Kind, welche Farbe seine Blume hatte, wonach sie geduftet hat, und vielleicht hat jede Blume, die aus der unscheinbaren Zwiebel gewachsen ist, auch einen schönen Namen.

Ein Winterblumenmärchen

Es war Winter. Ein eisiger Wind strich um das Wurzelhaus, in dem die kleine Blumenfee Amaryllis mit ihren Feeneltern den Winter verbrachte. Der Winter erschien ihr in diesem Jahr endlos lang. Jeden Morgen streckte sie ihren Kopf in die kalte Winterluft, um zu schauen, ob ein paar Sonnenstrahlen zu entdecken wären. Die Sonnenstrahlen waren ihre besten Freundinnen; wenn Amaryllis von den warmen Sonnenstrahlen berührt wurde, verliehen sie ihr Zauberkraft. Dann spielten sie gemeinsam Blumen zaubern. Amaryllis holte für dieses Spiel immer ihre Blumenschatzkiste aus der Wurzelhöhle und sie zauberten aus jeder Blumenzwiebel und aus jedem winzigen Blumensamen wunderschöne Blumen.

Aber an diesem Tag schickte der Wolkengeist nur viele graue Wolken, aus denen eisiger Regen fiel. Der Windgeist tobte am Winterhimmel, dass es überall im Wald heulte und pfiff. Kein Tag für Sonnenstrahlen und kein Tag für kleine Feen zum Draußensein. Amaryllis schaute schon den ganzen Tag betrübt durch eine kleine Ritze der Wurzelhöhle in den nassgrauen Winterwald hinaus. Wenn es wenigstens schneien würde, dann könnte sie mit ihren Schneeflockenfreundinnen Schneeblumen zaubern, aber „Schnee wird es in den nächsten Tagen auch nicht geben", das hatte ihr Feenpapa gesagt. Und so sang Amaryllis von morgens bis abends traurige Lieder:

„Kein Vöglein mehr singt, kein Glockenblümchen mehr klingt, wie ist es mir kalt, hier im finsteren Wald ..."

„Amaryllis, kommst du? Es gibt Abendessen", rief ihre Feenmama aus der Wurzelhöhlenküche. „Ich mag aber nichts essen, ich hab trauriges Bauchweh", jammerte Amaryllis. „Das kommt von den traurigen Liedern, die du den ganzen Tag singst." Ihre Feenmama brachte Amaryllis eine Tasse heißen Efeublättertee und ein wärmendes Mooskissen, das sie ihr auf den kleinen Feenbauch legte. Sie strich Amaryllis durch die kleinen Feenlocken und erzählte ihr eine fröhliche Geschichte von einer zauberhaften Wiese, auf der viele Gänseblümchen blühten, Bienen und Hummeln summten und die Schmetterlinge im schönsten Festtagskleid einen Frühlingstanz tanzten.

Draußen war es inzwischen dunkel geworden und Amaryllis war eingeschlafen. Der Vater trug sein Feenkind in ihr warmes Blätterbett. Die Eltern hauchten ihr einen zarten Gute-Nacht-Kuss auf die Wange und blieben noch ein Weilchen an ihrem Bettchen sitzen. Sie machten sich Sorgen um ihr Feenkind, weil es im Winter so oft traurige Lieder sang und immer dieses traurige Bauchweh bekam, wenn sie nicht draußen spielen und mit den Sonnenstrahlen Blumen zaubern konnte. „Was können wir nur tun?“, fragten sich die Feeneltern ratlos.

Es war mitten in der dunklen Nacht, da sprang Amaryllis erschrocken aus ihrem Blätterbett. Die Wurzelhöhle war plötzlich hell erleuchtet und ein Lichtstrahl traf sie mitten ins Gesicht. Sie hielt ihre kleinen Feenhände vor ihre verschlafenen Augen, zwinkerte und blinzelte ein paar Mal und krabbelte neugierig und leise, um ihre Eltern nicht zu wecken, zum Höhleneingang. Neben der Wurzelhöhle lag ein Sternenkind, das wohl gerade vom Himmel gefallen war. Zum Glück war es auf einem Mooskissen gelandet und hatte sich nicht verletzt. Es glitzerte und funkelte in seinem goldenen Sternengewand und Amaryllis fühlte sein Licht, das so schön wärmte wie die Sonnenstrahlen im Frühling. „Wer bist du?“, fragte Amaryllis erstaunt. „Ich komme von einem fernen Stern und möchte einmal eine Feenblume aus der Nähe sehen. Sie müssen wunderschön sein deine Blumen.“ Amaryllis wurde ganz aufgeregt: „Ich soll zaubern, heute Nacht?“ „Wenn du mein Sternenlicht zum Zaubern gebrauchen kannst, so gebe ich dir gerne etwas ab“, antwortete das Sternenkind.

Amaryllis verschwand kurz in der Wurzelhöhle und holte die schönste Blumenzwiebel heraus, die sie in ihrer Blumenschatzkiste finden konnte. Sie streichelte die Blumenzwiebel behutsam mit ihren Feenhänden. Sie steckte sie in einen Topf mit Erde und dann geschah im Sternenlichterglanz bei Nacht ein Blumenwunder, wie es das Sternenkind im Himmel noch nicht gesehen hatte.

Am Morgen wollte Amaryllis gar nicht wach werden. Sie gähnte und versuchte, die Augen geschlossen zu halten, nur um die schöne Blume, die sie im Traum gesehen hatte, nicht zu vergessen. Aber ihre Augen öffneten sich wie von selbst und sie konnte nicht glauben, was sie da sah. Neben ihrem Blätterbett stand in einem Topf mit Erde eine wundervolle rote Blume. Sie hatte einen langen kräftigen grünen Stängel, als wollte sie in den Himmel wachsen. Amaryllis sprang aus ihrem Blätterbett, nahm den Blumentopf in den Arm und tanzte mit ihrer roten Blume einen lustigen Feentanz durch die Wurzelhöhle. Langsam erinnerte sie sich an die Erlebnisse der vergangenen Nacht. Es war also kein Traum gewesen. Sie hatte gezaubert und fühlte sich sehr glücklich. Amaryllis sang in diesem Winter keine traurigen Lieder mehr, denn sie hatte nun ihre rote Blume, mit der sie sich auf den Frühling und die Sonnenstrahlen freuen konnte und das Schönste an dieser Geschichte war, sie hatte eine neue Freundin hoch oben am weiten Sternenhimmel.

Regina Bestle-Körfer

Äpfel, Nuss und Mandelkern

Gesunde Naschereien

Sinnliche Genüsse

Äpfel, Nüsse und Mandeln sind Gaben, die bereits der Nikolaus in seinem Sack für die Kinder bereit hält. Auf dem Weihnachtsteller finden wir sie, neben allerhand weiteren sinnlichen Genüssen, wieder. Ihr Geschmack und der Gehalt an Vitaminen und Nährstoffen, die wir in kargen Winterzeiten besonders benötigen, macht sie so wertvoll. Als Schätze der Erde, die wir im Herbst geerntet haben, symbolisieren sie in der Tiefe der Heiligen Nacht und zum Ende des Jahres auch die Hoffnung auf ein fruchtbares neues Jahr.

Paradiesische Äpfel

Der rotbackige Apfel war schon im Mittelalter ein wichtiger Vitamin-C-Lieferant während des Winters. Er symbolisierte Fruchtbarkeit und Wohlstand und ist so die Frucht des Lebens geworden.

Der weihnachtliche Christbaum hat einen engen Bezug zum Paradiesbaum, an dem die Lebensfrucht noch heute in vielerlei abgewandelter Form symbolisch hängt. Der Heilige Abend ist auch der Gedenktag von Adam und Eva, was auf eine Verbindung zur Paradiesgeschichte und zur Apfelsymbolik hinweist.

Am Heiligen Abend einen Apfel zu essen, sollte im kommenden Jahr vor Unglück schützen. In Westfalen schenkte man sich gegenseitig Äpfel, „damit einem das Geld niemals ausgeht“. Die Apfelkerne der verspeisten Weihnachtsäpfel verwahrte man auf, um sie später einzupflanzen.

Apfelrestaurant

Wir eröffnen ein Apfelrestaurant. Zuvor bereiten wir viele unterschiedliche Apfelspeisen: Apfelmus, Apfelkuchen, Bratapfel usw. und stellen an unserer Bar verschiedene Apfelgetränke bereit: Apfeltee, Apfelsaft, Apfelsaftschorle, Apfelbowle usw. Auch verschiedene rohe Apfelsorten können wir zum Probieren anbieten. Dabei entdecken wir im direkten Vergleich, wie unterschiedlich Äpfel schmecken können und erfahren, welche Namen sie haben. Wir malen eine Speisekarte mit den verschiedenen Speisen und spielen als Rollenspiel einen Besuch im Apfelrestaurant.

Geschmack

Der Geschmackssinn verrät uns nicht nur etwas über die Speise, die wir gerade zu uns nehmen, er trägt im Zusammenspiel mit dem Geruchssinn auch dazu bei, dass wir Nahrung genießen können. Unser Geschmackssinn ist von der Vielzahl der Fertigprodukte der Lebensmittelindustrie mit ihren künstlichen Aromastoffen und Geschmacksverstärkern verfremdet und vor allem auf süß und salzig getrimmt. Kindern fällt es besonders schwer, mit ihren noch geringen Geschmackserfahrungen Neues auszuprobieren. Trotzdem sollten wir ihnen ein vielfältiges Geschmacksangebot von naturbelassenen Lebensmitteln als Gegensatz zu süßen Esswaren anbieten.

Glücksnüsse

Nüsse gelten als kompakte Energielieferanten und sind bei Menschen und Tieren eine beliebte Winterkost. Sie enthalten viel Fett, davon viele der gesunden ungesättigten Fettsäuren, und haben einen sehr hohen Eiweiß- und Mineralstoffgehalt. Gemahlene, gehobelte, gehackte Nüsse oder Mandeln dürfen im Weihnachtsgebäck nicht fehlen.

Nüsse gelten in der Symbolik als Zeichen eines unerforschlichen Lebens, das einem „harte Nüsse zu knacken gibt“. Vergoldete Nüsse weisen darauf hin, dass unser Leben aus zwei Seiten besteht: eine hell glänzende äußere Seite und eine dunkle, unbekannte Seite im verborgenen Kern. Und so sind Nüsse als Weihnachtsorakel sehr beliebt. Zwölf Weihnachtsnüsse knacken und essen soll Hinweise auf Glück oder Unglück in den nächsten zwölf Monaten geben. Die taube Nuss kündigt zu erwartendes Missgeschick an. Vielleicht können wir durch Schütteln schon die taube Nuss erkennen und diese beim Orakeln vorsichtshalber im Korb liegen lassen.

Nussbar

An einer Nussbar können wir auch Nüsse, die nicht bei uns wachsen, kennenlernen. Dazu legen wir verschiedene Nüsse – Walnüsse, Haselnüsse, Mandeln, Paranüsse, Erdnüsse, Pistazien, Kokosnüsse – mit ihrer Schale nebeneinander und die Kinder befühlen und vergleichen die verschiedenen Nüsse miteinander. Sie spüren ihr Gewicht, ihre Größe, die Muster auf den Schalen und versuchen, eine bunte Nussmischung zusammenzustellen. Wir versuchen, die Nüsse zu kancken. Eine Kraftprobe, die einiges Geschick, aber auch die Lust herausfordert, den Kern aus eigener Kraft zu befreien, um ihn sich dann auf der Zunge zergehen zu lassen.

Glückspyramide

Für dieses Nuss-Spiel benötigt jedes Kind 21 Nüsse sowie einen Sack, in dem es die beim Glückswürfeln erwürfelten Nüsse sammeln kann.

Aus den 21 Nüssen bildet jedes Kind eine Pyramide auf dem Tisch oder Boden. Dazu legt es in der untersten Reihe sechs Nüsse nebeneinander, darüber fünf, dann vier, drei, zwei und an die Spitze schließlich eine Nuss. Dann wird reihum gewürfelt. Wer zum Beispiel eine 3 gewürfelt hat, darf zuerst die drei Nüsse aus seiner Pyramide nehmen und in seinen Sack stecken. Bei der nächsten 3 darf man sich auch bei einem beliebigen Mitspieler die drei Nüsse stibitzen. Man kann also auch weiter spielen und Nüsse erwürfeln, wenn die eigene Pyramide längst verloren ist. Es wird so lange gespielt, bis keine Pyramide mehr vorhanden ist. Wer die meisten Nüsse in seinem Sack hat, ist Nusskönig oder Nusskönigin.

Gebackene gute Wünsche

Gebildbrote zu Winterfeiertagen

Schmackhaftes Brauchtum

Zu allen Festen im Jahr ist es reiche Tradition, Bilder aus Teig zu backen. Im Winter ist das Backen eine beliebte Beschäftigung für Kinder. Da werden eifrig Lebkuchenmänner gebacken, mit Nüssen, Mandeln und Zuckerguss verziert, Plätzchenteig geknetet, ausgerollt und zu einer bunten Vielzahl von Sternen, Monden, Herzen, Tieren, Tannenbäumen usw. geformt und gebacken. In alle Teigwaren kneten und backen wir unsere guten Wünsche hinein. Auf dem Weihnachtsteller genießen wir ihre Süße und das Aroma ihrer gesunden Gewürze oder wir verschenken sie mit vielen guten Wünschen an liebe Menschen.

Legende von den ersten Weihnachtsplätzchen

Die Hirten waren gerade dabei, ihre Brote zu backen, da sahen sie den Weihnachtsstern am winterlichen Himmel leuchten. Sie machten sich mit ihren Herden sofort auf den Weg nach Bethlehem, wohin sie der Stern führte. Bei aller Aufregung und Freude über den Stern und das Kind im Stall hatten die Hirten ihre Brote im Backofen vergessen. Als sie nach Hause zurückkehrten, strömte ihnen ein wunderbarer Duft entgegen. Sie konnten nicht glauben, was geschehen war. Ihre Brote, die nach der langen Zeit im Backofen eigentlich hätten verbrannt sein müssen, waren zwar sehr dunkel geworden, schmeckten aber himmlisch süß. Allen Freunden und Bekannten gaben sie eine Kostprobe dieses besonderen Brotes und brachen es in viele kleine Stückchen, damit jeder davon kosten konnte. Als Erinnerung an dieses Wunder begann man zur Heiligen Nacht kleine würzige Himmelskuchen zu backen, aus denen die Weihnachtsplätzchen geworden sind.

Lebkuchen

Die ersten Lebkuchen haben Mönche in ihren Klöstern gebacken. Als verdauungsfördernde Fladen wurden sie mit kostbaren Gewürzen wie Anis, Zimt, Ingwer, Koriander, Nelken, Muskat und Pfeffer hergestellt und an die Menschen verteilt. Weil die Mönche den Menschen einst ihre Fladen als Medizin verordneten, gelten sie wegen ihrer Gewürze noch heute als Heilkuchen. Der Lebkuchen ist, versehen mit der christlichen Botschaft, dass Jesus geboren ist, um die Welt zu heilen, ein weihnachtliches Bildgebäck geworden. Noch im letzten Jahrhundert wurden Hebammen mit Lebkuchen belohnt, wenn sie einem neugeborenen Kind zum Leben verholfen haben.

Lebkuchen-Hexenhaus

Aus Lebkuchenteig können wir mit Kindern Lebkuchenmänner, Plätzchen oder sogar ein aufwändiges Hexenhaus backen. Zunächst werden dafür die benötigten Teile aus Lebkuchenteig gebacken.
Zutaten: 350 g Honig, 100 g Zucker, 100 g Butter, 1 Ei, abgeriebene Schale einer unbehandelten Zitrone, 1 EL Kakaopulver, je 1/2 TL Zimt, Nelken, Kardamom, Muskat, Piment, Koriander, Ingwer, Hirschhornsalz und Pottasche oder Lebkuchengewürzmischung, 1 EL Wasser, 500 g Mehl.
Für den Lebkuchenteig werden Honig, Zucker und Butter in einem Topf auf mittlerer Hitze unter stetem Rühren erwärmt, bis sich der Zucker aufgelöst hat. Die Masse auf Handwärme abkühlen lassen, bevor wir das Ei, die Zitronenschale, den Kakao und die Gewürze hinzufügen können. Die Pottasche und das Hirschhornsalz müssen wir im Wasser auflösen, mit dem Mehl unter die Honigmasse geben und zu einem festen Teig verkneten. Der Teig wird in Folie gepackt und muss einen Tag bei Zimmertemperatur ruhen, bevor wir ihn erneut durchwalken und auf einer bemehlten Arbeitsfläche 1 bis 2 mm stark ausrollen. Auf einem gefetteten oder mit Backpapier belegten Backblech wird der Lebkuchen im vorgeheizten Ofen bei 180 Grad 15 bis 20 Minuten gebacken. Noch warm nehmen wir den Lebkuchen vom Blech und lassen ihn auf einem Kuchengitter auskühlen. Er ist frisch gebacken schon so hart, dass wir sofort mit dem Bau eines Hexenhauses beginnen können. Mit Zitronenguss werden die Teile des Hexenhauses miteinander verbunden, mit Guss, bunten Zuckerperlen und Watte kann schließlich das ganze Häuschen nach Belieben verziert werden.
Lebkuchenmänner und -plätzchen werden nach drei bis fünf Tagen weich, wenn wir sie in einer Blechdose, zusammen mit einigen Apfelschnitzen, aufbewahren. Erst dann sollten wir sie mit Zucker- oder Schokoladenguss und anderen Leckereien verzieren.

Gebildbrote zu Neujahr

Das neue Jahr begrüßen wir mit einem Glücksgebäck aus Hefeteig. Wir können uns für verschiedene symbolhafte Glücksformen entscheiden.

- Neujährchen entstehen aus einem Hefestrang, der zu einer S-Form mit zwei eingerollten Schnecken, oben und unten geformt wird.
- Brezeln sind am bekanntesten und sollen das Glück festhalten. Sie können aus einem einfachen Strang oder aus drei geflochtenen Zöpfen geformt werden.
- Drei gleich lang geflochtene Zöpfe, die zu einer Sternform übereinander gelegt werden, ergeben den Glücksstern.
- Hufeisen formen wir aus einem Teigstrang von ungefähr 30 cm Länge. Diesen Strang belegen wir mit einer dünn ausgerollten Teigrolle, die wir schlangenförmig auf dem Hufeisen aufdrücken. In die entstandenen Bögen drücken wir 12 Teigkügelchen, das sind die kommenden Monate des neuen Jahres, in die wir das Glück hineingeknetet haben.
- Ein Sonnenbrot darf auf dem Neujahrsfrühstückstisch natürlich nicht fehlen, denn die Sonne erwarten wir im neuen Jahr alle mit großer Freude.

Regina Bestle-Körfer, geb. 1963, ist Diplom-Sozialpädagogin und seit mehr als 15 Jahren als Autorin und Redakteurin tätig. Sie arbeitet außerdem in der Lehrer- und Erzieher/innenfortbildung und leitet mit großer Spielfreude sinnliche Workshops für Kinder im Vor- und Grundschulalter und für Familien.

Annemarie Stollenwerk, geb. 1961, Diplom-Sozialpädagogin, arbeitet seit mehr als 15 Jahren als Autorin und Redakteurin. In Zusammenarbeit mit Buchhandlungen und Städtischen Büchereien veranstaltet sie Aktionstage zum Thema Natur- und Sinneserfahrung mit Kindern, Eltern und Lehrern.

Spiele, Reime, Lieder und Geschichten auf den Seiten 10-13, 16/17, 20-27, 30/31, 38-45, 54/55, 58-67, 72/73, 78-81, 86-91, 94-99, 102/103, 106-109, 116-123 sind von Regina Bestle-Körfer.

Spiele, Reime, Lieder und Geschichten auf den Seiten 14/15, 18/19, 28/29, 32-37, 46-53, 56/57, 68-71, 74-77, 82-85, 92/93, 100/101, 104/105, 110-115 sind von Annemarie Stollenwerk.

© Christophorus im Verlag Herder
Freiburg im Breisgau 2005
www.christophorus-verlag.de

Alle Rechte vorbehalten – Printed in Germany

ISBN 3-419-53217-2

Dieses Buch ist urheberrechtlich geschützt. Jede gewerbliche Nutzung der Texte, Lieder, Abbildungen und Illustrationen, ein Nachdruck, auch auszugsweise, sowie die Verbreitung durch Fotokopien, Internet und elektronische Medien, durch Film, Funk und Fernsehen ist untersagt und wird zivil- und strafrechtlich verfolgt. Bei Anwendung im Unterricht und in Kursen ist auf dieses Buch hinzuweisen.

Illustrationen: Pia Eisenbarth

Coverfoto: Heidi Velten
Bildleiste: Ulrich Niehoff, Heidi Velten
Fotos:
Regina Bestle-Körfer: S. 12, 54, 16; Markus Hella: S. 38;
Ulrich Niehoff: S. 8, 14, 16, 18, 28, 30, 34, 40, 72, 78, 102, 116, 120;
Christoph Schmotz: S. 74, 92; Toni Schneiders: S. 42, 46, 50, 114;
Ulrike Schneiders: S. 100; Jutta Weser: S. 69, 70, 82, 90

Umschlaggestaltung: Network!, München
Layout & Satz: HellaDesign, Emmendingen
Druck: Himmer, Augsburg 2005

CHRISTOPHORUS

Bücher mit Ideen

3-419-**53033**-1

3-419-**53028**-5

3-419-**53040**-4

3-419-**53041**-2

3-419-**53039**-0

3-419-**53213**-X

Bücher für Kindergarten und Familie

Bücher für Kinder

Hobby- und Bastelbücher

Wir sind für Sie da, wenn Sie Fragen haben. Und wir interessieren uns für Ihre eigenen Ideen und Anregungen. Schreiben Sie uns, wir hören gern von Ihnen!
Ihr Christophorus-Team

CHRISTOPHORUS

Verlag Herder GmbH
Christophorus-Verlag
Hermann-Herder-Straße 4
79104 Freiburg
Telefon: 0761/2717-0
Fax: 0761/2717-352
E-Mail: info@christophorus-verlag.de